홍익시대

나쁜 훈 · 이상한 훈 · 우아한 훈

일, 사람, 언어의 기록

훈의 시대

김민섭 지음

와이즈베리
WISEBERRY

이 책은 친구이자 독자인 혁준과 L이 없었다면 나오지 못했을 것이다.

함께 지난한 시간을 보내준 그들에게 깊은 감사를 보낸다.

　　김민섭 작가의 글과 작업은 늘 흥미롭다. 그가 작가로서, 기획자로서 내놓은 결과물들을 볼 때면 영어 단어가 2개 떠오르는데 하나는 '스트리트와이즈(streetwise·세상 물정에 밝은)', 또 하나는 그냥 '와이즈'(wise)다. 이번에 알았는데 영어 단어 'wise'에는 '진로를 제시하다, 방향을 바꾸다'는 뜻도 있다고 한다.

　　그는 우리가 살고 있는 거리의 사정에 밝고, 그곳을 지배하는 배후의 힘을 날카롭게 꿰뚫어 보며, 가끔은 그 힘을 이용해 재미있는 이벤트를 벌이기도 한다. 그렇게 야무지게 현장에 바탕을 둔 사유가, 배려심과 균형 감각을 갖춘 통찰로 이어지는 모습을 보면 감탄이 나온다. 참 현명한 사람이구나, 하는.

　　《나는 지방대 시간강사다》에서 '나'를, 《대리사회》에서 '사회'를 말했던 그가 이번에는 '시대'를 다루겠다는 더 큰 야심을 품었다. 찾아간 현장은 학교와 회사와 아파트 단지. 서로 겹치지 않을 것 같은 세 공간을 관통하는 키워드는 '훈·訓'이다. 김민섭 작가는 우리 시대 '訓'들의 기괴함을 폭로하면서 우리 자신의 '訓'을 새로 쓰자고 제안한다.

　　그가 다음으로 눈길 두는 곳은 어디일지, 벌써 궁금해진다.

－장강명 _《당선, 합격, 계급》, 《한국이 싫어서》 저자

이 글은 한 개인의 '제안'이다

우리는 자주 타인에게 "이렇게 하면 좋겠고, 저렇게 하면 더욱 잘되겠다." 하고 말을 건넨다. 그러나 그만큼 비생산적인 일도 별로 없다. 누군가를 설득하는 일은 하나의 세계를 들어 올리는 것만큼이나 거의 불가능하고, 성인 남성의 시도는 높은 확률로 '맨스플레인'이나 '꼰대짓'으로 규정되고 만다. 나 역시 '제안'이라고 규정한 이 글을 내어놓기가 몹시 조심스럽다. 다만 그에 이르기 위한 몇 가지 단계가 필요하다고 하면, 민망하지만 지난 두 권의 책으로 그 과정을 의도치 않게 밟아온 것 같다.

2015년에 출간한 《나는 지방대 시간강사다》는 개인의 고백이었다. 누군가는 고발이라거나 폭로라고도 하지만 그와는 결이 다르다. '(대학이라는 공간에서) 나는 무엇으로 존재해 왔는가?' 하는 작은 물음표에 답하기 위해 쓴 글이다. 그에 성실히 답하고 나니 나는 대학 바깥에 있었다. 그 후, 대학으로 다시 돌아갈 수 없게 되었지만, '나는 부유하는 유령의 몸으로 존재했다'는 그 고백 이후에 비로소 땅에 두 다리를 단단히 딛고 살아갈 수 있게 되었다. 2016년의《대리사회》는 그 개인의 선언이었다. 자기 자신을 돌아 나간 물음표는 자연스럽게 주변으로 확장되었다. 별다른 노력을 기울이지 않았음에도 불구하고 그랬다. 그래서 나는 '이 사회는 어떠한가?' 하는 새로운 물음에 답해야 했다. 그렇게 하지 않으면 안 될 것 같았다. 대리운전을 하며 바라본 이 사회는 '거대한 타인의 운전석'처럼 보였다. 나를 포함한 모든 개인들이 대리인간이면서 동시에 타인을 끊임없이 대리인간으로 만들며 존재해 왔음을 알았다. 나는, 이 사회를 '대리사회'로 선언했다.

특별히 의도하지 않았지만《나는 지방대 시간강사다》와《대리사회》라는 두 책의 제목은 연작처럼 긴밀하게 이어진다. 순차적으로 '나'와 '사회'라는 단어가 등장한다. '지방대', '시간강사', '대리', 이러한 단어들은 사실 자극적이지만 일시적이다. 핵심이 되어야 할 것은 '나-사회'로 확장되어 가는 이 평범한 두 단어다. 나에서 타인으로, 개인에서 사회로, 나는 조금 더 넓은 지평으로 나아갔다. 두 책의 제목은 내가 글을 쓰기 시작하면서 가제로 지은 것인데 출판사에서 다른 제목을 제안하지 않았다. 감사한 일이다. 덕분에 나는 연결된 두 단어를 딛고 더 확장된 다음을 상상할 수 있게 되었다.

사회 이후의 단어로 '국가', '세계', '인류', 이런 감당할 수 없는 것들이 떠오르기도 했다. 그러나 세 번째 책은 《아무튼, 망원동》이라는, 나의 고향인 망원동/성산동이라는 동네에 대한 소소한 에세이집이 되었다. ('아무튼'이라는 수식이 붙은 것은 '아무튼 문고'라는 기획서로 제작되었기 때문이다.) 망원동에서 글을 쓰는 동안 '이 동네는 과연 괜찮은 걸까' 하는 물음표가 생겼고, 그에 답하고 싶어졌다. 젠트리피케이션의 대명사처럼 되어버린 그 작은 동네에서, 사람은 건물이 변하는 속도보다 몇 배나 더 빠르게 밀려나고 사라져갔다. 잠시 쉬어 간다는 기분이 되기도 했지만 어쩌면 《대리사회》보다 더 나와 내 주변의 실존에 대한 고민과 기록이 되었다.

그러나 고백은, 세상을 변화시킬 수 없었다.

많은 사람들이 고백은 세상을 변화시킬 수 있다고 말한다. 그러나 그것은 맞는 명제이면서도 동시에 모두에게 성립되지는 않는다. 고백에 이른 한 사람은 이전과는 다른, 돌이킬 수 없는 발걸음을 막 떼어놓은 것이다. 새로운 물음표에 납하며 그간 경험해 본 일이 없는 보폭으로 나아가게 된다. 그 힘은 무척이나 세서, 그가 곧 세상을 변화시킬 것처럼도 보인다. 그러나 그것은 그가 착실하게 그 과정을 밟아간다는 전제하에서만 그렇다. 어느 순간 멈춰버리면 그 힘은 거짓말처럼 소멸된다. 실제로 많은 사람들이 고백과 선언의 단계에서 더 이상 나아가지 못한다. "《나는 지방대 시간강사다》라는 글을 쓴 사람이 당신이 아니었다면 더 좋았겠다."는 비난을 듣기도 했다. 요약하면, 고백 이후의 서사를 제대로 책임지지 못했다는 것이었다. 특히 자신들의 삶이 조금은 달라질 것으로 믿었던 대학의 젊은 연구자들의 실망이 컸다. 선언만 반복하는 개인은 그 어떤 변화를 추동할 수 없음을, 우리 모두는 알고 있다.

고백은 누구나 할 수 있는 것이고 선언으로 나아가는 길 역시 어렵지 않다. 그러나 그 이후의 단계로 가는 길은 잘 보이지 않는다. 《대리사회》 이후의 나는 한동안 동어반복을 하며 스스로를 소진시켜 갔던 것 같다. 나에게 호의를 가지고 응원하며 지켜보던 이들도 지쳐버렸는지 모른다. 시간이 해결해 줄 문제가 아닌 것 같아서, 나는 초조해지기 시작했다.

몇 년의 기간 동안 내가 내린 결론은, 자신을 고백한 개인은 자연스럽게 그에 따른 선언에 이르고, 물음표를 확장시켜 나간 극히 일부는 필연적으로 '제안'이라는 새로운 영역에 도달하게 된다는 것이다. 그때 비로소 한 개인은 고백의 힘을 그 사회를 변화시키는 데 사용할 수 있다. 나는 《훈의 시대》라는 이 책이 그 역할을 해줄 수 있기를 바란다. '훈'이라는 개념은 본문에서 자세히 서술하겠지만 요약하자면 '규정된 언어'다. 변화를 원하는 한 개인을 가로막는 것은 그를 공고

하게 둘러싼 언어들이다. 어린 시절부터 외우고 노래해 온 익숙한 훈들, 그러니까 "우리의 소원은 통일"이라든가 "우리는 민족중흥의 역사적 사명을 띠고 이 땅에 태어났다"든가, 하는 수사들은 개인을 시대에 영속시키는 동시에 끊임없이 지워내 왔다. 특히 사유의 범위를 그 함의의 테두리에 가두고 나아가지 못하게 한다는 점에서 문제적이다. 규정된 그 언어들은 한 시대와 개인에게 막대한 영향을 미친다. 그 이후의 시대로 넘어가더라도 그 잔재는 여전히 동시하면서 위력을 가진다. 그래서 한 시대의 종언을 고한다는 것은 한 시대를 지배해 온 언어가 종말했음을 알리는 것이기도 하다.

당신에게 물음표를 보낸다.

이 책에서는 내가 거리에서(삶에서) 마주치고 수집한 훈을 제시할 것이다. 여전히 우리와 동시하고 있는 그 언어가, 어떻게 시대의 욕망 안에 개인을 가두어왔는지 드러내고자 한다. 그것들을 인식하고 폐기하고자 할 때 비로소 낡은 시대를 마감할 수 있을 것이다. 이 제안이 당신에게 가서 닿을 수 있기를 바라며 쓴다. '나'와 '사회'를 거치며 커진 물음표는 이제 평범한 개인이 가지고 있기에는 너무 큰 것이 되어버리고 말았다. 여기에 당신은 무어라고 응답할지 궁금하다.

《대리사회》에서 나는 다음과 같은 다소 민망한 선언을 했다.

"나는 계속 거리의 언어를 몸에 새겨나가려고 한다. 《대리사회》는 내가 써나갈 글의 서론과도 같다. 제도권과 거리의 경계에서, 언제까지나 경계인으로만 존재하며 그 균열을 탐색하고 싶다."

《훈의 시대》는 부족하게나마 그에 대한 책임을 지기 위해 쓴 것이다. 제대로 된 제안이 될지는 알 수 없지만, 그래도 나라는 한 개인이 사회에 내어놓는 첫 본문으로는 알맞은 온도가 될 것이다.

내가 어렵게 제안이라는 영역에 도달하게 된 것은, 다시 한 번 거리에서였다. 단순히 대리운전을 하며 걷는 노동의 시공간만을 말하는 것은 아니다. 이제는 몇 년 전처럼 생업으로 삼아 매일같이 대리운전 일을 나가지도 않는다. 책상 앞에서 보내는 시간들이 점점 늘어난다. 그러나 이전에는 별 문제 없다고 여겼던 일상의 언어들이 조금은 다른 눈높이로 다가오는 것이다. 아내에게 듣게 된 출신 여고의 교훈이, 대리운전을 하다가 우연히 보게 된 회사의 사훈이, 친구와 불광천을 걷다가 마주한 빌라의 이름이, 그 일상의 평범한 훈들이 나의 물음표를 계속 크게 만들어주었다.

《대리사회》가 우리 사회의 몸의 기록이었다면 이 책은 그 언어의 기록이다. 당신에게 《훈의 시대》를, 한 시대를 포위하고 있는 언어의 기록을 보낸다.

차례

추천의 말   005
프롤로그 이 글은 한 개인의 '제안'이다   006

제1부

욕망의 언어, '훈'에 대하여

1 훈은 우리에게 무엇이었나   016
2 액체화된 근대, 대리인간이 된 개인들   029

제2부

학교의 훈

1 참된 일꾼, 착한 딸, 어진 어머니   039
2 '여학교'라는 이름의 훈   045
3 순결캔디와 겨레의 밭   049
4 공부하는 몸이 될 수 없는 존재들   060
5 그때는 맞고 지금은 틀린   069
6 애국조회와 교'장'의 욕망들   078
7 훈을 바꾸는 어려움 : 원주여고의 사례   084
8 훈을 바꾼 학생들 : 강화여고의 사례   092

제3부

회사의 훈

1 우선, 대기업이란 무엇인가   106
2 '헌법'이 된 사훈   113
3 고객의 만족, 그리고 도전적인 회사원   125
4 창업주의 훈을 책임지는 '을'들   133
5 나쁜 훈, 이상한 훈, 우아한 훈   147

제4부

개인의 훈

1 당신이 사는 곳이 당신을 증명합니다.   164
2 폐쇄, 단절, 통제로서의 고급화   178
3 우리는 입주민을 위해 일한다   191
4 CCTV에 갇힌 건물주들   200
5 집결되는 욕망들, 기업도시와 박사마을   215
6 15,000원의 오늘의 훈   224
7 당신이 잘 되면 좋겠습니다   231

에필로그 우리가 무엇을 할 수 있을까요   243

제**1**부

욕망의 언어,
'훈'에 대하여

1

훈은 우리에게 무엇이었나

그동안 글을 쓰면서 한자를 사용하거나 병기한 일이 거의 없었다. 그러나 《훈의 시대》에서는 그 시작부터 '훈(訓)'이라는 한자의 뜻을 인용해 둔다. 이 단어가 서사 전체를 면면히 이끌어갈 것이기 때문이다. 그래서 그 성격과 범위를 밝히고 규정할 것이다. 별것 아니게 보여도 이것은 무척 중요하고 소중한 작업이다. 많은 작가(연구자)들이 서론에서 다소 과하다 싶을 만큼의 지면을 할애해 핵심이 되는 단어의 의미와 활용 범위를 밝혀두곤 한다. 그래야 책임질 수 있는 언어로만 서사를 확장시킬 수 있기 때문이다. 가장 지루한 부분이니까 가볍게 훑거나 몇 페이지만 읽고 다음 장으로 넘어가도 별 문제는 없다.

- 훈(訓) : ① 가르칠 훈, ② 가르침 훈, ③ 이끌 훈, ④ 새길 훈, ⑤ 새김 훈, ⑥ 따를 훈
- 자원(字源) : 言+川. '言(언)'에는 '말'이라는 뜻이 있고 '川(천)'에는

'따르다(順)'는 뜻이 있다. 그래서 訓은 '(타인을) 말로 이끌어 따르게 하는 일'이고 '가르쳐 깨우치다'라는 뜻으로 쓰인다.[1]

이 책에서 사용하려는 '훈'은 어렵거나 추상적인 개념어가 아니다. 하나의 음으로 떼어두니 무언가 생소하지만, 사실 우리 곁에 언제나 있어온 친숙한 단어다. 그것을 그 용례의 범위를 벗어나 무리하게 사용하지는 않을 것이다. 예를 들면 훈은 다음과 같은 단어로 주로 활용된다.

• 훈계, 훈련, 훈시, 훈육, 훈화, 가훈, 교훈 등

훈계(訓戒) : "그는 거짓말을 한 아들에게 한동안 훈계를 늘어놓았다."
훈시(訓示) : "담임교사는 학생들에게 교칙을 잘 지킬 것을 훈시했다."
훈육(訓育) : "나를 교육한 것은 학교지만 훈육한 것은 아버지였다."
훈화(訓話) : "월요일 아침이면 교장 선생님의 훈화가 있었다."
훈련(訓練) : "선수들은 하루에 8시간씩 고된 훈련을 받았다."
가훈(家訓) : "우리 집의 가훈은 '화목'이다."
교훈(敎訓) : "사람은 실패에서 더욱 큰 교훈을 얻는 법이다."

---

1 《한한대자전》(민중서림, 1991년)의 풀이를 참조했다.

욕망의 언어, '훈'에 대하여

용례를 살펴보면 '훈'은 가정, 학교, 군대, 회사, 국가에 이르기까지 우리 일상 공간에서 개인을 가르치는 데 주로 사용된다. 그러니까, 훈은 '―해야 한다'는 지침을 전달 혹은 강요하는 '계몽의 언어'인 동시에 '자기계발의 언어'다. 특히 어느 집단에 소속된 한 개인에게 위계적이며 명시적으로 다가간다. 가정에서는 부모가 자녀에게, 학교에서는 교사가 학생에게, 회사에서는 사장이 임직원들에게, 국가에서는 정부가 국민들에게 단어로, 문장으로, 서사로, 계속해서 훈을 내보낸다. 취학을 앞둔 어린 시절부터 노동할 수 있는 성인으로 성장하기까지, 우리 모두는 끊임없이 훈을 수용하고 재생산하는 과정을 겪는다. 예컨대, '정직'이라는 훈이 개인에게 전달되는 과정은 다음과 같다.

가정(부모→자녀) : "거짓말을 하면 안 돼. 정직하게 살아야 해." 하는 '훈계'

학교(학교→학생) : "정직"이라는 '교훈'

학교(교장→학생) : "정직한 어린이가 되어야 합니다. 예를 들면……." 하는 '훈화'

학급(교사→학생) : "(교장 선생님의 말씀처럼) 정직하게 살아야 한다." 하는 '훈시'

회사(회사→직원) : "정직한 제품 생산"이라는 '사훈'

한 개인이 가정, 학교, 회사 등 생애주기에서 거의 반드시 거쳐야만 할 모든 공간의 언어는 '훈'이라는 형태로 전달된다. 그것은 그대로 한 시대가 개인에게 품은 욕망이다. 일상 공간에서 지속적으로 강요되는 그 훈에서 누구도 자유로울 수 없다. 가훈이든 교훈이든 사훈이든, 일상 공간의 훈들은 한 개인의 몸을 만드는 데 부단히 직간접적인 영향을 미친다. 결국 그 주변을 둘러싼 그 언어가 그의 격을 결정짓게 되는 것이다.

요약하면 훈은 다음과 같은 개념의 언어다.

'훈'은 1) 집단에 소속된 개인을 가르치기 위한 교육의 언어이고, 2) 지배계급이 생산, 해석, 유통하는 권력의 언어이고, 3) 한 시대의 욕망이 집약된 욕망의 언어다.

이후의 몇 페이지는 미완성으로 남은 박사 논문의 일부를 '훈'이라는 개념에 맞추어 그 문장을 다듬고 각주를 삭제하는 등의 작업을 해서 차용한 것이다. 풀어서 쓴다고 해도 논문만큼 재미없는 글쓰기는 세상에 없으니, 2부로 곧장 넘어가도 괜찮다. 다만,《나는 지방대 시간강사다》라는 글을 쓴 사람이 대학에서 어떤 시기의 무엇을 연구했는지 궁금하다면 간단하게나마 읽고 넘어가도 좋다.

훈은 그 시작부터 교육의 한 원리로 등장했다.

욕망의 언어, '훈'에 대하여

서당에서 학생을 가르치는 선생을 우리는 '훈장(訓長)'이라고 불렀다. 그들은 말 그대로 '훈을 전달하는 어른'이다. 서당 설립에 자격이 필요한 것은 아니어서 각각의 수준은 크게 달랐지만, 그들은 한 동네를 대표하는 지식인이었고 두루 존경받는 어른이었다. 회초리로 상징되는 훈장의 권위는 유학이라는 시대의 훈이 부여한 것이었다. 그들은 한 사회가 훈을 전달하는 가장 최전선에 있었고 그에 따라 그 존재가치를 인정받았다. 서당이라는 전근대적 교육기관의 소멸과 함께 훈장이라는 호칭은 사라졌지만, 그들은 그 이름을 바꾸어 여전히 우리 곁에 동시하고 있다. 여전히 훈의 전달은 필요하기 때문이다. 교육이라는 것은 어느 시대든 그 시대의 훈을 어떻게 어린 학생들에게 내재화시키는가, 그들을 얼마나 균질한 국가의 일원으로 견인해 내는가에 결국 그 목적이 있다. 그 역할을 맡은 이들은 그야말로 역사적 사명을 띤 존재들인 셈이다. 교사라는 직업이 일반적인 노동자 이상으로 대우받는 이유도 이와 무관하지 않다.

그런데 교사 및 여러 분야의 지도자에게 스승이라든가 은사라든가 하는 다소 과한 수식어를 붙이며 필요 이상으로 존경하는 문화를 가진 국가일수록 전체주의적이거나 후진성을 띠고 있기 쉽다. 스승의날이면 어린 학생들이 준비한 선물이 교탁을 가득 채우고, 선물에 적힌 이름을 하나하나 부르며 그것을 개봉하는 시간을 가지고, 선물을 준비하지 않은 이들을 체벌하는 그런 야만이, 불과 1990년대 초반의 대한민국에도 있었다. 지금은 스승의날에 아예 자체 휴교를 하기도 하고, '김영란법'의 시행 이후부터는 선물을 받는 일이 금지되었다는 모양이다. 이전처럼 학생을 무자비하게 폭행하는 일도 거의 없다. 그러나 교사는 국가의 훈을 전달하는 역할을 수행하는 이들로서 여전히 그 권위를 인정받는다. 이것은 한 국가가 얼마나 전체주의적 경향을 띠고 있는가 하는 문제와도 맞닿는다. 근대의 국민국가들은 국민 개개인을 균질한 몸으로, 그러니까 훈의 수용이 가능한 상태로 만들어내야 한다는 욕망을 가지고 있었다. 갑과 을, 강자와 약자, 우승과 열패, 제국과 식민으로 모든 것이 이분되는 시대였고, 국민의 계몽과 개조가 곧 한 국가의 생존으로 이어질 수 있음을 모든 국가가 본능적으로 알게 된 것이다. 그래서 근대의 국민국가들은 학교를 정비하고 교육령을 공포하는 데 많은 힘을 쏟았다. 인식과 실행이 너무나 늦기는 했지만, 대한제국도 예외는 아니었다. 그 과정에서 교육학이라는 분과학문 역시 수입되고 연구되기에 이르렀다.

고종은 1895년 교육입국조서를 발표해 덕·체·지(德·體·智)를 교육의 강령으로 제시했다. 이것이 근대국가 대한제국이 제시한 최초의 교육으로서의 훈이다. 국가로부터 명확하게 훈의 지침이 내려온 것이다. 흔히 '삼육'이라 불리는 '덕육·체육·지육'의 개념은 로크, 스펜서, 페스탈로치 등이 확립한 서구적 교육론인데, 이것이 서구 근대 지식의 유입과 함께 새로운 교육 지침으로 선택되었다. 이후 근대 시기 교육의 기본 원리는 이를 핵심으로 하게 된다. 서구의 분과학 편제를 따른 관립·사립 학교가 양성되고, 민간에서 발행한 수십 종의 미디어를 통해 근대식 교육에 대한 여러 이론들이 다양하게 소개되었다. 이후 창립된 여러 협회와 학회의 설립 목적 역시 이를 따랐다.

덕·체·지 삼육은 애초에 아동·소년·청년의 교육과 관련해 의미를 획득한 이론인 만큼, '청년·학생'이 중심이 되거나 그들의 계몽을 목적으로 하고 있던 단체에서는 그 강조와 내재화가 더욱 두드러지게 나타났다. 청년 담론의 원천으로 불리는 황성기독교청년회 역시 삼육의 수양을 핵심 이념으로 삼았고, 기독교계 학교를 중심으로 조직된 청년회에서는 기본적으로 덕육부, 지육부, 체육부, 사교부를 두었다. 지덕체가 각 꼭지를 이룬 세모꼴의 배지는 그들의 정체성을 나타내는 표상이었다. 도산 안창호의 흥사단 역시 "본단의 목적은 (……) 덕·체·지 삼육을 동맹수련(同盟修練)하여 건전한 인격을 작성하고, 신성한 단결을 조성하여 민족전도대업(民族前途大業)의 기초를 준비함에 있음"이라는 설립 목적을 밝혀두었다. 이것이 아동, 소년, 청년을 넘어 전 민족으로 확대되는 데는 조금 더 시간이 걸렸다. 이광수는 1920년 민족개조론에 이르러서야 삼육의 수양 범위를 청년에서 전 민족으로 확대했고, 노동자와 농민이 발견되는 것은 조금 더 이후의 일이다.

덕·체·지라는 새로운 교육론의 소개와 생산을 주로 담당한 것은

1900년대 중후반에 창간된 40여 종이 넘는 잡지 및 학회지들이었다. 그에 따르면 교육은 인격을 수양해 신체·지식·덕성 등의 능력을 발달하게 하는 사업(〈기호홍학회월보〉, 1909)이었고, 윤리학과 심리학과 사회학과 생리학까지 보조하는 혼합과학이자 규범과학(〈대한자강회월보〉, 1906)이었다. 1906년에 이르러 교육의 범위를 지육·덕육·체육으로 나누어 각각의 장을 구성한 기무라 도모지의 교육학 교과서《신찬교육학》이 번역되었다. 개인을 통제하는 국가의 훈은, 이제 교육의 원리를 새롭게 제시하며 새로운 시대의 욕망을 덧입었다.

이러한 교육론이 전통적 교육론인 유학을 밀어내고 학제를 장악했던 것은 아니다. 덕·체·지의 번역은 각 매체의 성격이나 목적, 수용한 세대에 따라 다양한 차이를 보였다. 격변의 대한제국에서 훈의 경합이 일어난 것이다. 우선 덕육은 유학을 바탕으로 한 수신과 수양을 의미하는 동시에 기독교적 윤리관과 국민국가로의 이행을 위한 도덕의 함양과도 교차했다. 정신사상계의 근간을 두고 유교라는 사상과 기독교라는 종교와 근대인에게 요구된 덕목이 충돌한 것이다. 체육에서는 국가의 몸과 개인의 몸이 부딪혔다. 개인의 건강한 몸이 국력으로 이어진다는 감각은 단체운동회로부터 나타났다. 대한제국의 황제가 참여한 학교 운동회가 열렸고, "대한제국 만세"를 외치고 폐회하는 가운데 저마다 제국의 안녕을 상상했다. 반면 야구, 정구, 승마, 조정과 같은 새로운 스포츠를 즐기고 개인의 육체미를 발산하는 데 관심을 기울인 이들도 있었다. 1910년대에 생긴 학생야구팀의 개개인은 메이저리그 선수들과 다르지 않은 새하얀 유니폼을 갖춰 입고 운동장에 들어서며 자신이 근대인이 되었음을 한껏 감각했다. 지육에서는 전통적인 학제와 새로운 분과학문이 충돌했다. 학이라는 것이 경서의 연구뿐 아니라 문학과 이학으로 분화될 수 있고 다시 또 여러 갈래의 학들이 될 수 있음을, 그것을 공부하지 않고는 살아남을 수 없다는 사실을 이 시기의 젊은 지식인들은 확실히 감지하게 되었다.

지금도 많은 학교와 단체들이 덕·체·지 삼육을 교훈이나 설립 이념으로 삼고 있다. 시대가 가진 욕망에 따라 그 함의와 우선순위는 달라져왔지만, 그 교육의 원리는 여전히 우리 곁에 존재하고 있는 것이다. 학교의 훈을 분석한 몇몇 연구자들이 지적했듯, 모든 교훈은 지 - 지적인 내용 (슬기롭게, 열심히 공부하자), 덕 - 정서적인 내용 (명랑하게, 깨끗하게), 체 - 신체적인 내용 (튼튼하게, 힘차게), 세 가지 덕목으로 나뉜다.

다음으로, 훈은 거의 모든 시대에 걸쳐 지배계급의 언어였다.

문자를 아는 소위 '식자층'이 훈을 독점했고, 그것이 그들이 가진 권력의 원천이었다. 예컨대, 조선 시대의 유학자들은 중국에서 건너온 경서들을 읽고 그 주석을 연구해 가면서, 유학의 기본 원리를 밝히

고 자신의 국가에 맞는 훈을 확립하는 데 힘썼다.[2] 그 시기의 학(學)이
란 그런 것이었다. 그 외에는 다른 무엇도 공부로 인정받을 수 없었
다. 훈의 생산, 해석, 유통은 모두 소수의 지배 계층이 도맡았고 민중
에게는 그것을 온전히 수용하는 역할만이 주어졌다. 문자를 읽을 수
없는 이들이 많은 것은 별 문제가 되지 않았는데, 감금과 처벌이라는
통제의 수단을 통해 그 훈을 몸에 새기게 하는 것으로 충분했기 때문
이다.

주로 전시와 관습으로서 재현되던 훈이 더욱 힘을 가지게 된 것은,
역설적으로 모두가 문자를 읽을 수 있게 되면서부터다. 물리적인 폭
력보다도 오히려 규정된 언어의 영향력이 더욱 광범위하게 한 시대
를 지배하는 법이다. 한글이 만들어지고 그것이 여러 매체와 근대적
인 교육기관을 통해 널리 퍼져 나가면서, 누구나 단어와 문장을 읽고
만들 수 있는 시대가 찾아왔다. 단어와 문장으로, 혹은 조금은 세련된
서사로 개개인을 근본적으로 통제할 수 있게 된 것이다. 애초에 한글
(훈민정음)부터 "백성을 가르치는(훈민) 바른 소리(정음)", '훈민'의 수
단으로서 창제된 것임을 상기할 필요가 있다.

---

2 경서와 고전의 원문에 해석과 설명을 덧붙이는 작업을 '주소(注疏)'라고 한다. '주'는 원문의 해석을, '소'는 그 '주'의
재해석을 말한다. 《십삼경주소》는 《논어주소》, 《이아주소》 등 13개 주요 텍스트를 모은 책이다. 그 해석에 따라 한 국
가의 훈이 정해지는 것이었다. 국가를 경영하고 백성을 다스리는 기본 원리는 그 틀을 벗어날 수 없었다.

욕망의 언어, '훈'에 대하여

물론 한글이 없었더라도 다른 국가의 문자를 빌려왔을 것이고, 보통학교·전문학교 등 근대 교육기관의 설립과 신문·잡지 등 근대 매체의 탄생과 함께 훈의 확장은 계속되었을 것이다. 한자를 사용하는 중국이 특별히 훈의 전달에 어려움을 겪는 것처럼 보이지는 않는다. 당국의 권력자를 통해 퍼지는 구호와 강령은 전 세계 어느 국가보다 더욱 강력하다. 여기에서는 한글이라는 문자가 근대 계몽의 시기에 그것을 조금 더 가속화했다는 점만을 짚어두고 싶다. 그에 더해 훈의 거대한 전환이 일어난 그 시기의 사정을 간략하게나마 살펴보려고 한다.

여러 문서에서 본격적으로 한글을 병기하거나 전용하기 시작한 것은 한글이 창제된 지 500년 가까이 지난 근대 시기에 이르러서다. 갑오개혁을 단행한 고종은 다음과 같은 칙령을 내렸다. "(공문서는) 국문을 기본으로 하고 한문으로 번역을 붙이거나 혹은 국한문을 혼용해서 작성한다."는 것이다. 이전까지 한글은 공적인 지위를 거의 갖지 못하고 주로 소설을 베껴 쓰고 돌려보는 데 사용되었다.《춘향전》,《이순신전》,《애국부인전》(잔다르크) 등 적당한 재미와 교훈을 가진 소설들이 순한글의 방각본이나 딱지본으로 유통되는 데 그쳤다. 그러나 대한제국으로 국호가 바뀐 이래, 모든 국민은 하나의 훈에 따라 계몽되어야 할 존재가 되었다. 성인 남성뿐 아니라 여성과 아동 역시 국가를 구성하는 개인으로서 새롭게 발견되고, 한글은 이들을 계몽하기 위한 수단으로서 등장하기에 이른다.

한글이 새로운 시대에 훈의 수단으로 선택되었다면 물성을 가진 텍스트로 그것을 실어 나른 것은 역시나 새로운 매체로 등장한 신문과 잡지였다. 개화의 물결 속에서 저마다 하고 싶은 말이 그 어느 때보다 많아진 것이다. 배운 사람이라면 누구나 민중에게 자신이 해석한 훈을 전달하고 싶어 했다. 그들은 그것이 자신들의 권력을 공고하게 해줄 것이라는 사실을 잘 알고 있었다.

1900년대 초, 대한제국은 새로운 훈의 각축장이 되었다. 선교사, 자강과 부국을 꿈꾸는 애국/개화파 인사들, 정부 내각에 이르기까지 민중을 향한 전에 없던 적극적인 발화를 시작했다. 우선 서양에서 건너온 선교사들은 교회를 설립하고 선교를 위한 주간지를 발 빠르게 만들어냈다. 우리에게 익숙한 아펜젤러가 〈죠선크리스도인회보〉(1987)를, 연세대학교 백양로에서 두 팔 벌린 조형물로 서 있는 언더우드가 〈그리스도신문〉(1987)을 각각 창간했다. 지금의 일간지를 상상해서는 곤란하다. 교회에서 주일마다 사용할 만한 4페이지 내외의 '주보' 형식의 신문이었다. 국내외 소식에 더해 성경의 각 장을 연상케 하는 알레고리를 차용해 교훈을 전달하는 서사물들이 많이 실렸다. 자강과 부국을 꿈꾸는 협회와 개화파 인사들도 민중 계몽을 위한 기관지를 발간해 나갔다. 박은식이 주필로 참여한 〈대한매일신보〉(1904)라든가 서재필과 주시경이 깊이 관여한 〈독립신문〉(1896) 등도 이 시기의 대표적인 신문이다. 여기에는 국가의 처지를 걱정하고 개화를 촉구하는 류의 논설과 국내외 소식이 주를 이루었고, 우화, 몽유, 대화체 등의 단형 서사물들이 재미와 계몽이라는 두 가지 목적을 달성하기 위해 한동안 등장했다.

그러나 1910년 한일합방 이후, 〈매일신보〉라는 조선총독부 기관지를 제외하고는 거의 모든 신문과 잡지가 폐간되었다. 검열을 통과하지 못했다는 단순한 이유였지만, 무엇보다도 조선이라는 공간에서 훈의 유통을 독점하기 위한 것이었다. 무단통치 시기로 불리는 1910년 대의 유일한 중앙지가 된 이 신문에는 '치안', '경찰', '검거' 등의 단어가 빈번하게 등장했다. 그 투박하고 폭력적인 훈은, 개인을 물리적 폭력으로 통제하고자 한 그 시대의 야만과 욕망을 그대로 드러내는 것이었다.

2
액체화된 근대, 대리인간이 된 개인들

근대의 시작은 본격적인 '훈의 시대'가 개막되었음을 알리는 것이었다. 시대가 드러낸 욕망의 물결은 개인에게 본격적으로 그 훈을 전달하기 시작했고, 그것으로 근대인이 될 것을 요구했다. 성실, 근면, 절제, 위생, 저축, 협동과 같은 단어들이 여러 매체의 논설, 위인전기, 광고 등을 통해 무척이나 반복적으로 개인에게 가서 닿았다. 이전의 훈이 마치 고체 같은 것이어서 개인에게 부딪혀 와서 하나의 산처럼 높이 쌓여가는 것이었다면, 이때부터는 유동하는 액체로서 밀려왔다. 개인의 몸 역시 함께 액체가 되기를, 그리고 그에 영합해 함께 흐르기를 요구받게 되었다.

지그문트 바우만의 '액체 근대(Liquid Modernity)'의 이론을 잠시 빌려오고 싶다. 근대성에 천착해 온 사회학자인 그는 근대의 징후를 "모든 견고한 것들, 이를테면 이전 시대에서 물려받은 구조와 제도가 녹

아버리는 것"으로 파악하고, 개인의 모든 삶의 영역 역시 액체화되었음을 선언했다. 하나의 시대는 한 개인의 삶에 몇 번이고 도래하게 되며, 그때마다 개인의 몸을 계속해서 녹여내는 것이다. 이제 개인의 몸은 단단한 고체라기보다는 그 변화에 함께 완벽하게 녹아들어야 할 유동적인 액체화 상태로서 항시 존재하기를 요구받는다. 이것은 근대인이 되기 위해 개인이 받아들여야 하는 숙명 같은 것이다. 지그문트 바우만이 '유동성', 즉 유연이라는 속성이 근대 이후의 바람직한 자질로 받아들여진다고 한 것처럼, 지금에 이르러 우리의 몸은 몹시 흐물흐물한 것이 되고 말았다. 이것은 나와 당신의 몸이 당장 운동이 필요할 만큼 볼품없다는 의미가 아니다. 얼마나 이 시대가 원하는 '4차 산업혁명에 어울리는 몸', '혁신적인 몸', '융합을 선도하는 몸'이 되었는가, 다시 또 새로운 시대를 받아들이기 위해 유동하고 있는가 하는 문제가 된다. 그렇지 않으면 게으르고, 자기 혁신이나 발전이 없고, 폐를 끼치는 존재로 매도당한다. 이러한 욕망에 자신의 몸이 젖어드는 것을 거부한다고 해도 그 몸 역시 시대의 변화에 따라 끊임없이 유동해야 하기에, 결국은 액체화된 몸으로 저항할 수밖에 없다.

사실 액체든 무엇이든, 현재 우리의 몸은 전에 없던 상태를 요구받고 있다. 그래서 거기에 어떤 단어를 빗대어도 될 것만 같다. 일본의 젊은 연구자인 후지타 나오야는 이런 개인의 몸을 '좀비'로 규정하며 《신세기 좀비론 : 좀비는 곧 당신이고 나이다》(2017)라는 독특한 책을 저술했다.[3] 거기에도 '리퀴드 모더니티 시대의 공포 : 유체로서 좀비란 무엇인가?'라는 장이 등장한다. 이전과는 달리 물을 두려워하지 않고 빠르게 유동하는 영화 속 좀비의 모습이, 액체화된 후기 근대사회의 개인을 그대로 반영하고 있다. 지그문트 바우만의 액체든, 후지타 나오야의 좀비든, 모두가 이 시대의 '괴물화'된 우리의 몸을 제대로 드러내고 있다. 김민섭의 표현으로 하자면 '대리인간' 정도가 되겠지만, 그 이상 자극적인 무엇을 더하고 싶은 마음은 없다. 다만, 그런 상태의 개인을 만드는 데 기여하는 것이 바로 '훈'이라는 점을 짚어두고 싶다.

　훈이라는 단어는 이전처럼 고체로서 물리적 충격을 주지 않는다. 폭력으로 개인을 쓰러트리고 승리를 선언하고 복종을 강요하지도 않는다. 이제는 거대한 상징물이나 구호들이 우리 일상에서 노골적으로 제시되는 일은 많이 줄었다. 그러나 단어는 액체로서 은밀하고 세련된 방식으로 개인에게 스며들거나, 아니면 광범위하게 흩뿌려진다. 후지타 나오야의 이론을 빌리자면, 그렇게 좀비가 된 개인은 다른 개인에게 훈을 전파하면서 서로 전염되어 가는 것이다. 고체보다는 액체가, 스며들고 흩뿌려질 수 있는 그것이 더욱 광범위하고 끈끈하게,

---

3　한국에는 《좀비사회학》(2018)이라는 제목의 단행본으로 번역 출간되었다.

무엇보다도 그 당사자들이 인식하지 못하는 사이에 개인의 몸을 잠식하고 만다.

언어는 한 사람의 몸을 만들어낸다. 먹는 것뿐 아니라, 일상 공간에서 오랜 시간을 두고 쌓인 언어들 역시 그 개인의 몸이 형성되는 데 기여한다. 그가 받아들인 훈이 결국 그가 주체로서 존재하는가 아니면 좀비나 대리인간으로 존재하고 있는가를 결정짓는 것이다. 나의 몸 역시 대학의 강의실에서든 대리운전을 하는 타인의 운전석에서든 무척 왜소하고도 흐물흐물한 것이었다. 뒤늦게 거기에서 빠져나오기 위해 안간힘을 쓰고 있지만 잘되지 않는다. 이 글을 읽어나갈 당신의 몸은 어떠한지도 묻고 싶다. 어깨를 펴고 앉아 있는지, 타인의 눈을 바라보는 눈을 가졌는지, 손과 발을 자연스러운 곳에 두었는지, 그러니까 당신이 지금 누구의 몸으로 존재하고 있고, 이 시대의 훈이 당신의 몸을 어떻게 만들었는지가 궁금한 것이다. 학교, 회사, 집 등 여러 일상 공간의 훈들을 함께 살펴보면서 우리 몸의 단서를 발견할 수 있기를 바란다.

제2부

학교의 훈

모든 학교에는 교훈이 있다. 나의 경우 초등학교는 '슬기롭게, 화목하게, 씩씩하게', 중학교는 '슬기롭게, 다사롭게, 굳세게', 고등학교는 '의리, 지성, 친애'였다. 정확한 확인을 위해 다시 찾아보기는 했지만 처음 상기한 것들이 거의 맞았다. 초등학교를 졸업하고 23년이 지나서도 그 교훈이 어렴풋이 기억나는 데는 아마도 두 가지 이유가 있겠다. 우선 등교할 때마다 학교 정문을 지나 올라가다 보면 교정의 어느 적당한 곳에 큰 바위가 있고, 거기에 크고 검은 글씨로 교훈이 새겨져 있었다. 굳이 눈길을 주는 일이야 별로 없었지만 학교를 오갈 때마다 그 단어와 마주해야 했던 것이다. 그에 더해 수없이 불렀던 교가에는 반드시 교훈이 포함되어 있었다.

"의리다, 지성이다, 친애의 숭문이다, 의리다, 지성이다, 친애의 숭문이다."

주요한이 작곡한, 나의 모교 숭문고등학교의 교가 후렴구는 '의리, 지성, 친애'라는 교훈을 두 번, 그것도 높은 음으로 반복하고 끝난다. 처음에 음을 높게 잡으면 후렴을 제대로 부를 수 없었다. 수능일 아침에 고3 선배들을 응원하겠다고 힘차게 교가를 부르기 시작한 1학년들은 처음 기세와는 달리 후렴에서 모두 목이 막혀버렸다. 지금도 수능 때마다 그런 일들이 벌어지고 있는지는 잘 모르겠다. 그때는 학생회와 동아리 차원에서 자발적으로 모두 응원을 나가서 교가를 불렀다. 지성의 시험장인 수능 고사장에서 의리와 친애를 유감없이 드러내는 퍼포먼스를 선보인 셈이니, 교훈을 충실히 이행한 학생들이었다고 해도 좋겠다.

　그러고 보면 교가만큼 자주 부른 노래도 아마 없을 것이다. 월요일마다 열린 '애국조회' 때면 전교생이 운동장에 모여 교가를 불렀고, 각종 운동회나 행사 때도 그랬고, 음악 시간에 그것으로 수행평가를 보기도 했다. 하나의 노래를 이처럼 오랜 기간 동안 반복해서 부르는 경우는 아마도 '애국가'와 '교가'가 유일할 것이다. 어떤 유행가도 이처럼 타율로서 강권되지는 않는다. 마치 후크송처럼 반복되는 단어들은 그에 노출된 이들에게 의미를 사유할 여유를 주지 않고 그대로 각인되어 버린다. 훈은 이처럼 기계적이고 폭력적으로 개인에게 가서 닿는다.

　　　　　　　　　　　　　　　　　　　학교의 훈

학교를 졸업하고 나면 사실 교훈을 다시 떠올릴 만한 일이 거의 없다. 교가 역시 동문회에 참석한 소수의 졸업생들이 의식적으로, 혹은 분위기에 취해 부르는 정도가 고작이다. 그러나 어린 시절부터 몸에 새겨진 그 단어와 멜로디는 오랜 시간이 지나도 잘 지워지지 않는다. 그것들은 별것 아닌 것으로 치부하고 잊더라도, 결국 삶의 태도를 결정짓는 여러 준거들 중 하나로 작용하게 된다. 어린 시절의 단어와 문장 하나가 개인에게 미치는 영향은 무척 크다. 동일한 시기에 설립된 학교들은 거의 비슷한 훈들을 가진다. 이것은 한 시대가 가진 욕망을 공유하는 일이다. 각기 다른 학교에서 공부하고 졸업한 동 세대들이 서로의 모습에서 묘한 동질감을 느끼게 되는 일이 있는데, 훈이라는 언어들은 그러한 균질성에 부단히 관여하게 된다.

그런데 우리는 교훈에 대한 관심이 별로 없다. 자녀들의 커리큘럼에 대해, 시험 점수에 대해, 교사의 나이와 성별까지 신경을 쓰면서도, 그들이 등·하교를 할 때마다 마주치고 수시로 노래해야 할 그 단어들에 대해서는 몹시 무관심하다. 그것이 그들에게 지속적으로 영향을 미칠 것을 고려하면 당연히 알아둘 필요가 있음에도 불구하고 그렇다. 학교 방문 시에 눈여겨보거나, 가정통신문의 어딘가에서 발견하거나, 자녀에게 직접적으로 물어보지 않으면 일상에서 그것을 접하기는 어렵겠지만, 마음먹는다면 학교 홈페이지에 접속해 '학교 상징'이나 '학교 소개' 항목을 확인하는 것으로 쉽게 알 수 있다. 만약 페미

니스트를 자임하는 부모들의 자녀가 '착한 딸, 어진 어머니'라는 교훈을 매일 보며 등교해야 한다면, 그것은 몹시 어색한 모습이 될 것이다. 물론 평범한 부모라고 해도 이 대목에서는 위화감을 느껴야 한다. 자녀가 소속된 학교의 교훈을 알게 된다면 자녀에게 그 단어에 대한 자신의 의견을 전하거나 학교 측에 개선을 적극적으로 요구할 수 있지만, 아예 의식하지 않는다면 자녀들을 몇 년 동안 그 언어에 무방비로 노출시키게 된다. 그것은 부모로서 하게 되는 무책임한 행위 중 하나일 것이다.

실제로 학교는 운동회나 축제, 학교 대항전 등을 통해 학생들에게 그 조직의 충실한 일원이 되기를 끊임없이 요구한다. 단순히 소속감을 부여하는 차원을 넘어 개인과 학교를 동일시하게 만든다. 예컨대 국가의 경우는 '한국인', 기업의 경우는 'ㅇㅇ맨', 학교의 경우는 'ㅇㅇ인' 하는 방식으로 개인이 스스로를 규정하게 만든다. 나는 고등학교 재학 시절, 김민섭이라는 개인보다는 '숭문인 김민섭'으로 존재해야 하는 순간이 많았고, 그러한 존재일 때 오히려 다시 개인으로 존중받았다. 예컨대 조회 시간에 전교생 앞에서 상을 받거나 전국 규모의 대회에서 좋은 성적을 거둔 학생은 자랑스러운 'ㅇㅇ인'인 동시에 다시 그 가치를 가진 개인으로 환원된다. 그러나 모든 개인이 그런 영광의 순간을 통해 조직화될 수 있는 것은 아니기에, 조직은 그 현장의 언어를 개인이 온몸으로 받아들일 것을 요청한다. 그것이 가장 쉽고 빠르

학교의 흔

고 명확하게 한 조직 안에 개인을 귀속시키기 때문이다. 나도 대개는 자랑스러운 동문들을 바라보며 박수를 치는 편에 서 있었고, 교훈이 담긴 교가를 함께 부르면서, 'OO인'으로서 나의 몸을 감각해 나갔다. 단순히 교복을 덧입는 것보다 하나의 언어를 기억하는 편이 한 인간의 몸을 훨씬 더 변화하게 만든다.

이 장에서는 공립여자고등학교와 공립남자고등학교의 사례를 중심으로, 교훈과 교가라는 학교의 훈들이 어떻게 개인의 몸과 언어를 통제해 왔는가를 살펴보려고 한다. 나는 이제 다시 학교라는 제도권 교육 안으로 들어갈 일이 없겠지만 나의 아이들을 포함해 다음 세대는 여전히 교문 안으로 걸어 들어가야 하기 때문이다. 특히 의무교육을 마친 우리의 몸이 어떠한 언어에 노출되어 왔는지도 알 수 있을 것이다.

1
참된 일꾼, 착한 딸, 어진 어머니

　나름 지역의 명문 여자고등학교를 나온 아내에게 "당신 학교의 교훈은 뭐였어?" 하고 물었다. 그는 졸업한 지 오래되어 가물가물하다고 하면서도 '착한 딸'과 '어진 어머니'라는 훈을 기억해 냈고, '참된 일꾼'은 내가 찾아서 보여주자 곧 그것이 맞다고 답했다.

참된 일꾼, 착한 딸, 어진 어머니[4]

　그에게 그 교훈들이 이상하다고 생각해 본 적이 없는지 물어보니 "아니 별로……." 하는 답이 돌아왔다. 사실 그렇게 반응할 것을 알고 있었다. 예민하다거나 민감하다거나 하는 단어가 어울리는 편은 대

4　원주여자고등학교(1945년 설립)의 교훈.

개 나였다. 아내는 '뭐 그런 걸로 또……' 하는 표정으로 나를 바라보았다.

나는 아내가 졸업한 학교의 훈 세 가지가 모두 마음에 들지 않았다. 여자고등학교든 남자고등학교든 굳이 그 교훈에 '○○한 딸/아들' 하고 성별을 내세울 필요는 없는 것이다. '착한'이라는 형용사는 권장될 만한 것이지만 여성을 수식하면 그 뜻이 묘하게 변질되어 버린다. '든든한'이라는 형용사가 남성과 어울려 '든든한 아들'이 되었다고 상상해 보면 한 단어의 훼손이나 오염을 더욱 쉽게 인식할 수 있다. "우리 딸은 착해요", "우리 아들은 든든하죠"와 같은 익숙한 결합은 단순히 국어사전에 명시된 의미를 넘어서, 훈을 건네는 주체의 욕망을 적나라하게 드러낸다. 그것은 사회적 욕망이기도 하고 가문(가정)이라는 소집단의 욕망이기도 하다. 특히 우리 사회는 착한 딸들에게 많은 순종과 희생을 강요해 왔다. 착함을 강요받은 딸들은 교육의 기회를 균등하게 부여받지 못했고 돌봄의 우선순위에서도 밀려났다. 그들은 참된 일꾼이 되어 어린 나이에 공장으로 가서 가족의 생계를 책임지거나 형제의 학비를 보탰다. 1970년대의 어린 여공들은, 자라서 어진 어머니로서 착한 딸과 든든한 아들을 키워내는 역할까지 도맡았다. 〈별들의 고향〉(1973)이나 〈영자의 전성시대〉(1973)의 서사이고, 최근에는 〈우리들의 누이〉(2018)라는 소설에서도 이 시기의 여성들을 다루었다. 그런 젊은 날의 서사를 가진 여성들이 우리 주변에는 여전히 많이 남아 있다. 그런데 이 사회는 그들에게 그만한 빚을 지고서도 여전히 염치없이 그 훈을 다음 세대에게까지 전한다. 이것은 부끄러운 일이다.

나는 나의 자녀가 (특히 딸이) 3년 동안 '참된 일꾼', '착한 딸', '어진 어머니'라는 훈을 보며 등교하기를 바라지 않는다. 그것이 새겨진 큰 바위를 보는 일도, 그것이 명시된 교가를 부르는 일도 없으면 한다. 물론 나는 그가 착하게 자라기를 바라고, 나와는 달리 어진 부모가 되기를 바라고, 사회를 이롭게 하는 참된 노동자가 되기를 바란다. 그러나 그가 나에게 순종하거나 다른 형제를 위해 희생하지 않기를 더욱 바라고, 결혼과 출산을 온전히 자신이 선택하기를 더욱 바라고, 스스로 즐거운 일을 찾을 수 있기를 더욱 바란다. 그러니까, 사회적 개인이 아닌 온전한 개인으로서 자신의 행복을 위한 삶의 방식을 스스로 선택할 수 있기를 바라는 것이다.

나는 몇몇 공립여자고등학교의 교훈과 교가를 직접 찾아보았다. 그러면서 내 아내가 졸업한 학교의 사례가 특별한 것이기를 바랐다.

춘천여자고등학교(1934년 설립)

교훈 성실, 순결, 봉사

교가 우리의 사랑일세 춘천여학교 배우며 뛰노는 곳 우리의 낙원

백합꽃 맑은 향기 온몸에 받아 깨끗하고 순결함은 우리의 자랑

대구여자고등학교(1954년 설립)

교훈 겨레의 밭(억세고 슬기로운 겨레는 오직 어엿한 모성에서 가꾸어지나니 이 커다란 자각과 자랑에서 우리는 스스로를 닦는다)

교가 금수강산 어여쁜 겨레의 딸로 아스라이 이어온 정한 순결이 여기 금호 기슭에 고이 머흘러 달 자태 꽃향기로 꾸며나냐니 난 난 기품 높고 맑은 난이여 이날에 웃고 울며 맺은 우정을 자랑 많은 청춘의 꿈과 더불어 길이도록 아끼리 우리의 모교

부산동여자고등학교(1967년 설립)

교훈 겨레의 참된 어머니가 되자

교가 바다에서 배슨 푸른 전설을 담은 연지 황령산 기슭에 평화로운 보금자리 여성의 착한 꿈은 여기서 자라고 겨레의 사랑은 여기서 영근다 그 이름 오 길이 빛나리 우리의 동여고 우리의 동여고

부천여자고등학교(1981년 설립)

교훈 아름답고 슬기로운 여성

교가 진선미 넘쳐나는 희망의 배움터 오늘도 진리의 먹물 짙게 갈아서 덕망의 푸르른 비상의 꿈을 가꾸어 의연히 자라나는 부천

여고 학우들 진솔한 정신으로 다듬는 슬기 복사골 터전 위에 향
그러이 피우리

창원여자고등학교(1982년 설립)

교훈 자율, 정숙

교가 유구한 역사 서린 삼한의 옛터 아늑히 자리 잡은 배움의 전당
자율과 정숙으로 슬기를 닦자 세기의 빛이 되자 횃불이 되자 우
리 모두 알뜰히 부덕을 닦아 영원토록 빛내리라 창원여고

학성여자고등학교(1983년 설립)

교훈 자율, 성실

교가 치맛자락 사뿐 잡고 외씨 같은 버선발로 하얀 창문가에는 화
분에 물 주거라 학처럼 우아하게 솔처럼 꼿꼿하게 순결 검소 예
절 바른 한국 여성 본이라네

위에 인용된 교훈과 교가를 살펴보다가, 나는 '이래도 되나' 하는
심정이 되고 말았다. "순결함은 우리의 자랑", "어여쁜 겨레의 딸", "겨
레의 참된 어머니", "알뜰히 부덕을 닦아", "순결 검소 예절 바른 한국
여성"이라는 훈의 노래는 몹시 민망한 것이었다. 착한 딸과 어진 어머
니와 참된 일꾼에 불편을 느낀 것에 대해 아내에게 사과해야 할 것 같
았다. 그래, 고작 그런 걸로 내가 또 뭘 복잡한 표정을 지었을까, 하고

미안해졌다. 이미 생명을 다한 줄 알았던 언어들이 학교에 모두 모여 있었다.

　나는 한국의 공립여자고등학교와 공립남자고등학교의 훈을 모두 찾아보기로 했다.[5] 어떠한 훈들이 한국 여성/남성들의 젊은 날을 규정해 왔을까, 각 학교의 설립 시기와 지역 등에 따라 그 훈들은 어떠한 차이를 보일까, 우리는 얼마나 낡은 언어들을 여전히 간직하고 있을까, 나는 궁금해졌다. 그 비교를 통해 우리 사회의 공적 욕망은 (과거에) 무엇이었고 또 (현재에도 여전히) 무엇인지에 대해 알 수 있을 것이다. 여고의 교훈과 교가는 남성이면서 여성 자녀가 없는 나로서는 평생 볼 일이 없었을 단어들이다. 이런 작업을 하지 않았다면 나는 우리 사회가 여성들의 삶과 존재를 어떠한 언어로 규정해 왔는지 알지 못했을 것이다. 이것은 나를 닮은 남성들뿐 아니라 여성들에게도 그대로 적용된다. 성별이 다른 이들을 수백 명씩 한 공간에 3년 동안 수용해 두고 각각에게 무엇을 권하는지, 그 반대편에 있는 절반으로서는 알 수가 없다. 그래서 이 글을 읽는 것은 상대편의 훈을 살펴보는 앞으로 없을 기회도 될 것이다.

5　'공립'으로 한정한 것은 우리 사회의 '공적 욕망'을 알아보는 데 더 적합하다고 판단되었기 때문이고, 표본의 수를 줄이기 위해서이기도 했다.

2
'여학교'라는 이름의 훈

한국에는 설립일이 1908년 4월로 명시된 서울경기여고부터 2011년 3월의 인천초은여고까지 149개의 공립여자고등학교가 있고, 1895년 6월의 인천고부터 가장 최근의 인천연송고까지 168개의 공립남자고등학교가 있다. 각 학교에 재학 중인 여고생과 남고생을 위한 317개의 훈이 있는 셈이다. 각 학교의 교훈과 교가를 살펴보기 이전에, 여고의 경우는 어느 학교에나 '여자고등학교'라는 명칭이 함께하지만 남고는 '고등학교'로 불리는 것을 짚어두고 싶다. 우리 사회는 백여 년 동안 여기에 별다른 의문을 제기하지 않았다. 공부라는 행위와 학교라는 공간이 모두 애초에 남성을 위한 것이었음을 모두가 몸으로 기억하고 있기 때문이고, 그 이후의 세대들도 그에 익숙해졌기 때문이다. 여성이 '공부하는 존재'가 된 것은 근대 시기에 소학교령(1895)을 포함해 4차에 이르는 조선교육령이 반포되면서부터다. 물론 그때도 여학교인 경우에는 여성이라는 명사가 반드시 자리했다. 공부하는 여성은 그만큼 특별하고 예외적인 존재가 되어야 했다. 그러나 2018년에 이른 지금에도, 공부와 학교를 남성의 전유물로 두고자 하는 그간의 욕망은 여전히 각 학교의 이름 앞에 '여자'라는 단어로 박제되어 있다. 이것은 우리가 작별하지 못한, 이제는 가장 먼저 폐기해야 할 하나의 훈이다.

여기에서 우선 하나의 일화를 제시하고 싶은데, 2018년 여름에 K여고의 학생들을 대상으로 강의를 하고 질문을 받던 도중 한 학생이 나에게 다음과 같이 물었다. "남고는 그냥 고등학교인데 여고에는 여자라는 이름을 굳이 붙이는 이유가 뭘까요?", 나는 남성이든 여성이든 공부하는 사람으로서 학교에 존재하는 것이 특별한 일이 아니기에 그것은 잘못되었고 바꾸어가야 한다고 답했다. 그러자 그는 학교의 젊은 남자 교사에게 같은 질문을 한 일이 있다면서, 그때는 다른 답을 들었다고 했다. "너는 남자들이 군대에 가는 것에 대해서는 어떻게 생각하니?" 하고 오히려 질문을 받았다는 것이다. 그는 화가 나고 무엇보다도 황당해서 대화를 그만두었다고 했다. 그의 이야기를 들은 주변의 학생들도 함께 분노하며 그 교사가 누구인지를 물었다. 나도 괜히 민망해지고 말았는데, 학생의 진지한 질문에 교사가 그렇게 감정적으로 대응했다는 것이 잘 이해되지 않았기 때문이다. 이처럼 '남성이 군 복무라는 희생을 도맡고 있으니까 어디에서든 주체가 되어야 하고 여성은 주변부로 밀려나도 괜찮다'는 논리는 많은 남성들의 몸에 새겨져 있는 듯하다. 그러나 군 복무가 그러한 당위성을 부여하느냐의 문제는 차치하더라도, 그러한 욕망이 학교에서부터 이처럼 구체화되고 있는 데는 문제가 있다.

공부하는 여성들에게 '여자'라는 명칭을 굳이 부여하는 지금의 제도는 분명히 그들을 그 공간의 주변부로 내몰게 된다. 사실 담백하고 명료하게 자신을 표현하고 규정할 수 있는 것은 곧 권력이다. 주변부로 밀려날수록 자신을 설명하기 위해 여러 수식을 덧붙여야만 한다. ○○고와 ○○여고에 각각 입학하면서부터 남학생은 중심부로, 여학생은 주변부로, 자신의 자리가 정해졌음을 알게 된다. 동등하게 대우받아야 할 학교에서부터 여성은 따로 구획되고 이것은 한 존재를 외롭고 위축된 몸으로 만들어낸다. 여기에 익숙해지고 나면, 사유의 크기도 그에 따라 줄어들어 버리고 만다. 자신을 소중히 여길 수 없게 되는 것이 가장 큰 문제다.

그렇다고 해서 남학생들이 그 수혜자가 된다는 의미도 아니다. 자신의 의지와 관계없이 그를 둘러싼 언어들은 마치 크레인처럼 그들을 잡아 들고 특정한 구역에 내려놓는다. 자존감의 과잉도 결여도 모두에게 나쁜 영향을 미친다. 양측 모두가 언어의 피해자가 되는 셈이다.

앞으로 설립되는 학교들에는 '남/녀'라는 단어가 그 명칭에 포함되지 않으면 하고, 기존에 설립된 학교들도 '○○여자중/고등학교'라는 자신의 이름을 바꾸면 한다. 지역명을 차용한 경우에는 이를 그대로 적용하기 힘들 것이다. 예컨대 내가 오래 지내온 '원주고'와 '원주여고'는 여성을 지우고 나면 그 명칭이 같아져 버린다. 지역민들은 '원고'와 '원여고'라고 하는 데 이미 익숙해져 있다. 이처럼 중복될 때만 '원주남고'와 같이 남성의 성별을 동시에 드러내는 것도 좋겠다. 이것은 우리 사회가 함께 적극적으로 고민해야 할 문제다. 처음에는 혼란스럽겠지만 언어라는 것은 시간이 지나면 익숙해지기 마련이다. 무엇보다도 그 당사자인 학생들이 새로운 언어로서 새로운 시대를 받아들이게 되고, 그것으로 자신의 사유를 세우게 된다. 언어를 시대에 알맞게 바꾸는 일은 당신이 아닌 다음 세대를 위한 일이기에, 그들의 눈높이에서 고민해야만 한다.

3
순결캔디와 겨레의 밭

　149개 공립여자고등학교와 168개 공립(남자)고등학교의 각 교훈을 살펴보는 일은 별로 어렵지 않았다. 교육부 홈페이지에서 2018년 공시대상학교 목록을 다운받고 각 학교 홈페이지의 '학교 소개' 항목에서 교훈과 교가를 참조하면 되었다. 홈페이지에 명시되어 있지 않으면 학교 행정실에 전화를 해서 확인하거나 '교육 목표'의 핵심 키워드를 추출하는 방식을 활용했다. 불법적인 일을 하거나 일일이 각 학교를 방문하지 않아도 된다는 것이 무척 다행스러우면서도, 동시에 훈이라는 것이 얼마나 적나라하게 우리 일상 공간에 박제되어 있는 것인가를 다시 실감했다. 어느 기관의 훈은 내부인에게만 가서 닿도록 설계되어 있기도 하지만 대개는 이처럼 누구나 열람 가능한 일상의 언어들이다.

　다음 그림은 글자의 크기로 각 훈의 활용 빈도를 나타낸 것이다. 여

공립여고(좌), 공립남고(우)의 교훈 분석

고와 남고 모두 '성실'이 압도적으로 많고, 그다음으로는 '슬기'와 '협동'으로 서로 갈린다. 그런데 여기에서 주목할 만한 두 개의 결과가 보인다. 1) 서로에게는 전혀 없는 훈들이 높은 빈도로 권장된다는 것이고, 2) 훈을 받아들일 주체들을 규정하는 방식이 완전히 다르다는 것이다.

1) 우선 높은 빈도로 권장된 훈을 살펴보면 여고는 '순결', '정숙', '예절', '배려', '사랑', '겸손' 등이고, 반면 남고는 '단결', '용기', '개척', '책임', '명예', '열정' 등이다. 모두 상대편에는 단 하나도 존재하지 않는 단어들이다. 여고의 것이 정적이고 과거 지향적이라면, 남고의 것은 역동적이고 미래 지향적이다. 여성의 정적인 몸과 남성의 역동적인 몸은 학창 시절부터 이러한 훈으로 형성되어 간다. 교훈은 이러한

단어들을 명시하고 박제한다는 점에서 문제적이고, 교가는 이것을 학생들에게 직접 발화하게 한다는 점에서 더욱 문제적이다. 예컨대 강화여자고등학교의 경우 교가 후렴구에서 "아, 여자다워라"를 반복하는데, '여자다움'이란 다름 아닌 순결, 정숙, 예절, 배려, 사랑의 가치다.[6] 이처럼 학교의 훈은 특정한 단어들을 여성/남성이 각각 지녀야 할 고유한 미덕과 가치로 제시하고, 학생들은 여자다움/남자다움의 범위를 자연스럽게 정립하게 된다.

여고의 대표적인 단어인 순결은 국어사전에 따르면 '깨끗함'을 뜻한다. 그러나 동시에 '이성과의 육체관계가 없는 상태'를 뜻하기도 한다. 우리는 이 단어가 여성과 결부될 때는 관습적으로 후자의 의미로 더욱 활용된다는 것을 잘 알고 있다. 1990년대의 중학교에서는 여학생들에게 '순결캔디'라는 것을 나눠 주었다. 남녀공학 중학교를 졸업한 나는 여학생들이 캔디를 지급받는 것을 직접 보았다. 남학생들이 "우리는 왜 사탕 안 줘요?" 하고 교사에게 묻자, 이건 순결한 여학생들만 먹는 것이라는 답이 돌아왔다. 그 캔디는 분홍색 바탕에 빨간색 하트가 그려진 비닐로 포장되어 있었다. 어느 여학생이 나에게 먹으라고 자신의 것을 주겠다고 했지만 나는 먹지 않았다. 그 단어가 들어

---

6 강화여자고등학교의 교가는 2018년을 기준으로 그 부분이 '아아 참다워라 지혜로워라 한 흰샘의 은수되어라'로 바뀌었다. 이에 대해서는 '훈을 바꾼 학생들'(90쪽)에서 그 경과를 서술해 두었다.

학교의 훈

간 캔디를 굳이 먹고 싶지 않았던 것이다. 여학생들 사이에서는 순결하지 않은 사람이 그걸 먹으면 에이즈에 걸린다거나 모 종교 집단 교주의 정액이 들어갔다거나 하는 말이 돌았다. 지금은 그 캔디를 나눠 주는 학교가 없는 것 같지만, 불과 십수 년 전만 해도 전국의 여학교와 남녀공학에서 볼 수 있는 풍경이었다.

각 여고의 훈으로 지정된 이 '순결'은 아무래도 '몸을 깨끗하게 지키라'는 것이겠다. 순결함이 훼손되고 나면 더 이상 학교에서든 이 사회에서든 가치 있는 한 인간으로, 무엇보다도 여성으로서 살아갈 수 없다고 명시해 둔 것이다. 그런 와중에 학교 현장에서 제대로 된 성교육이 이루어지기도 힘든 일이다. 터부시해야 할 것을 전하는 일은 무척 역설적이다. 여기에 '여자로서 행실이 곧고 마음씨가 맑고 곱다'는 정숙함이라는 가치가 더해지면 순결은 다만 이성과의 관계뿐 아니라 모든 행실에 가서 닿는다. 그에 따르면 다소곳한 몸, 작아진 몸, 위축된 몸으로 여성은 존재해야 한다. 반면 남고에는 몸을 깨끗하게 지켜야 한다는 훈은 어디에도 존재하지 않는다. 대신 남학생들은 '용감'하게 자신의 '미래'를 '열정'적으로 '개척'할 것을 요구받는다. 그 과정에서 몸이 다소 더럽혀지는 것은 오히려 영광의 상처가 된다고 자연스럽게 감각하게 된다.

2) 하나의 훈은 그 훈을 받아들일 주체들을 규정하게 된다. '성실',

'정숙' 등 단어만으로 나타내는 방식이 더 많지만, '성실한 사람이 되자'라든가 '정숙한 여성'이라든가 하는 식으로 사람이나 여성으로서 그 대상을 호칭하기도 한다. 그런데 여고와 남고의 교훈이 각각의 구성원을 호칭하고 있는 방식 역시 현저히 다르다.

여고 사람(14회), 여성(10회), 어머니(3회), 겨레의 빛(3회), 딸(2회)

남고 사람(8회), 인간(2회)

여고에서는 사람을 중심으로 여성, 어머니, 딸 등 몇 가지 단어가 더 나타나는 반면 남고에서는 사람과 인간뿐이다.[7] 놀랍게도, 남고에서는 단 한 번도 남성이라든가 아버지라든가 아들이라든가 하는 표현이 등장하지 않는다. 남성들이 요구받는 것은 단 하나 '○○한 사람/인간이 되어야 한다'는 것이다. 반면 여성들은 '○○한 어머니/여성'이 되기를 계속 요구받는다. 남성이 공부하는 한 개인으로서, 말하자면 사람(인간)으로서 학교라는 공간에 존재하는 반면, 여성은 온전한 개인이 아닌 어머니, 여성, 딸 등 성별에 따른 역할을 수행함으로써 존재 가치를 인정받게 되는 셈이다. 이처럼 여성은 학교에서부터 공부하는 한 개인이 아닌 여성으로서의 이상향을 성취하기를 부단히 요

---

7 그 외에 여고에서는 '민주시민'이 1회, 남고에서는 '민주시민'과 '주인'이 각 1회씩 더 나타났으나 표본이 적어 표시하지 않았다.

학교의 훈

구받고 있다.

'겨레의 밭'이라는 특정한 표현은 대구여자고등학교, 상주여자고등학교, 경남여자고등학교 등 3개의 학교에서 공통적으로 등장한다. 이것은 청마 유치환 시인이 대구여고와 경남여고 등 그 지역 몇 개 학교의 교장으로 부임하면서 인근의 학교들이 영향을 받은 것으로 보인다. 그는 1962년에 대구여자고등학교의 교장으로, 1963년에는 경남여자고등학교의 교장으로 부임했다. 〈국제신문〉의 기사에 따르면, 유치환이 경남여고를 처음 찾은 날의 풍경은 다음과 같다.

유난히 하늘이 파랬던 다음 날 상견례를 겸한 조회 시간. 전교생과 교사들은 생명에 대한 뜨거운 사랑을 노래한 당대 최고 시인이 어떤 화두를 던질지 궁금했다. 모든 시선은 그의 입에 모아졌다.

"여자는 꽃으로도 때릴 수 없습니다. 하물며 여러분같이 어여쁜 소녀들에게……." 뜨거운 환호성과 함께 박수 소리가 한동안 멈추지 않았다."**8**

---

8 '탄생 102주년 '청마 유치환' 발자취를 더듬다', 〈국제신문〉, 2010년 8월 26일 참조.

그는 1958년에 제정된 '근검하고 관대하라, 봉공정신을 가져라, 의뢰심을 갖지 말라'는 교훈을 다음과 같이 바꿨다.

겨레의 밭
억세고 슬기로운 겨레는
오직 어엿한 모성에서 이루어지나니
이 커다란 자각과 자랑에서
우리는 스스로를 닦는다
(경남여자고등학교 교훈)

이것이 지금도 이어지고 있는 경남여자고등학교의 교훈이다. 당대의 시인답게 그는 직접 한 편의 시를 지어냈다. '겨레의 밭'이라는 제목까지 단, 다른 학교에서는 찾아볼 수 없을 만큼 문학적이고 파격적인 훈이다. 그러나 이 시가 50여 년이 넘게 지난 2018년에 이르러서도 훈으로 권장될 만한 것인가에 대해서는 고민해 보아야 한다. 여성은 '밭'으로 비유되며 '모성'을 자각해야 할 존재로 나타난다. 이는 여성의 출산과 육아 노동을 겨레(국가)의 이름으로 동원할 수 있다는 인식이다. 그러한 존재임을 자각하고 스스로를 닦는 공간이, 유치환의 훈에 드러난 학교의 모습인 것이다. 경남여고의 학생들은 한 개인이 아닌 겨레의 출산과 돌봄에 동원되는 어머니이자 여성으로서 현재의 자신을 규정하게 된다. 유치환의 부임 첫 인사가 "하물며 여러분같이 어여쁜 소녀들에게……"였음을 상기해 보면, 이러한 훈이 탄생한 것은 결코 우연이 아니다. 그에 더해 유치환은 여러 문인 출신의 교육자들이 그랬듯 교가의 작사가로도 나섰다. 그가 작사한 대구여고의 교가를 인용하면 다음과 같다.

난의 노래
1) 금수강산 어여쁜 겨레의 딸로 아스라이 이어온 정한 순결이 여기 금호 기슭에 고이 머흘러
2) 맑은 아미 아가씨의 요조한 뜻은 봄비 가을바람에도 못내 수심져 다소곳이 지녀 닦은 빛난 슬기사
후렴) 달 자태 꽃향기로 꾸며나냐니 난 난 기품 높고 맑은 난이여 이날에 웃고 울며 맺은 우정을 자랑 많은 청춘의 꿈과 더불어 길이도록 아끼리 우리의 모교

(대구여자고등학교 교가, 유치환 작사)

유치환은 '겨레의 밭'처럼 대상을 비유하고 의인화하는 데 익숙했다. 시인으로서 평생 해온 일이 그것이었다. 그래서 대구여고의 교가는 '난의 노래'가 되었다. "어여쁜 겨레의 딸", "정한 순결", "고이 머흘러", "맑은 아미 아가씨의 요조한 뜻", "다소곳이 지녀 닦은", "달 자태 꽃향기로 꾸며나냐니", "기품 높고 맑은 난", 이런 표현들은 누가 보아도 서정적이고 여성적이라고 할 만하다. 유치환이 원래 그런 감

성의 소유자였다고 할 수도 있겠지만, 그가 작사한 부산고등학교와 동래고등학교의 교가를 함께 비교해 보면 그 차이를 확연히 느낄 수 있다.

1) 아스라이 한 겨레가 오천재를 밴 꿈이 세기의 굽잇물에 산맥처럼 부푸놋다 배움의 도가니에 불리는 이 슬기야 스스로 기약하여 우리들이 지님이라
2) 사나이의 크낙한 뜻 바다처럼 호호코저 오륙도 어린 섬들 낙조에 젖어 있고 연찬에 겨운 배들 가물가물 돌아온다

(부산고등학교 교가, 유치환 작사)

1) 우람히 굽이쳐온 아세아의 거창한 얼이 여기 장산 기름진 벌 끝 그 염원을 이루었나니 갸륵할 손 어진 겨레의 슬기 받아 일어선 자 동고는 정의와 인도의 횃불 우렁차게 솟쳐 올렸네
2) 창망히 굴러 넘는 태평양의 짙푸른 꿈이 여기 동해 드맑은 변죽 그 보람을 거두었나니 갸륵할 손 젊은 세기를 주름잡아 가꿔낼 자 동고는 자유와 평화의 깃발 눈부시게 치켜올렸네
후렴) 망월대 위에 걸린 하늘 휘영청 푸르고 사나이의 벅찬 뜻은 멀고도 높거니 동고 거룩하다 그 이름 동고 빛내리라 영원히

(동래고등학교 교가, 유치환 작사)

학교의 흥

위의 두 교가는 대구여고의 교가와는 다르게 역동적이고 진취적이다. 유치환은 경남여고의 학생들을 '어여쁜 소녀'로 불렀지만 남고의 학생들은 '꿈을 가진 사나이'로 묘사했다. 여전히 '겨레'라는 단어가 의식적으로 사용되고 그 안에서만 의미를 획득하게 되지만, 그들은 "태평양의 짙푸른 꿈"과 "크낙한 꿈"을 지닌 존재로서 겨레의 중심이 된다. 특히 "어진 겨레의 슬기 받아 일어선 자"로 묘사되는데, 이것은 "슬기로운 겨레는 어엿한 모성에서 이루어지나니"라는 여고의 훈과 어울리며 남성과 여성에게 각각의 역할을 부여한다. 남성은 '일어서는 자(주체자)', 여성은 '일어서게 하는 자(보조자)'가 되는 것이다. 유치환에게 있어서 여성과 남성이란, 즉 여학생과 남학생이란 이처럼 다른 사회적 역할을 가진 존재였다. 비단 유치환뿐 아니라 그 시기의 많은 훈의 전달자들이 비슷한 인식을 가지고 있었다. 타 학교의 교훈과 교가를 비교해 보아도 남녀의 역할이 크게 다르지 않게 나타난다. 유치환 개인의 문제가 아닌 것이다.

유치환은 경상도 지역에서 교육자로 활동하던 시기에, 자신이 가장 잘할 수 있는 방식으로 그 뜻을 펴고자 마음먹었다. 한 편의 시와 같은 교훈을 남기고, 교가의 작사에도 적극적으로 참여했다. 그 결과, 그는 1967년에 작고했지만, 그의 흔적은 2018년을 살아가는 고등학생들에게 선명히 남아서 여전히 그들에게 영향을 미치고 있다. 이처럼 사람은 가도 언어는 오래 남아 그 이후를 지배한다. 여전히 경남여고의 학생들은 '밭'이 되고, 대구여고의 학생들은 '난'이 되고, 동래고와 부산고의 학생들은 꿈을 가진 '사나이'가 되어 교가를 부른다. 유치환은 과연 한 시대의 시인이라고 할 만큼 아름다운 언어로 훈을 만들어 냈지만, 그것이 새로운 시대에도 유효한 것은 아니다.

우리는 여학생과 남학생이 각각 어떠한 훈을 노래하고 있는지 살펴보고 시대에 맞지 않는 단어들을 이제는 폐기할 수 있어야 한다. 무엇보다도 각각에 대한 호칭을 성역할을 함의하지 않는 새로운 것으로 정립할 필요가 있다. 여학생을 여성이나 어머니가 아닌 사람으로서 견인해 내야 한다. 이것은 한 존재의 몸을 본래대로 되돌리는 일이다.

학교의 훈

4

공부하는 몸이 될 수 없는 존재들

　이 장에서 더 살펴볼 것은, 교가가 학생을 호칭하는 방식이다. 교가는 운율에 맞추어 하나의 서사를 완성하는 것이기에 그 훈의 수용자들을 보다 구체적으로 드러낸다. 교훈보다도 더욱 다양한 존재로 학생들을 비유해 내는 것이다.

　다음 두 그림은 각 학교의 교가가 학생들을 호칭한 주요 키워드를 모두 정리해 본 것이다. 그에 따르면 교가에서 여학생은 주로 '딸'과 '꽃'으로, 남학생은 '학도'와 '건아'로서 나타난다. 각 교가가 학생을 호칭하는 방식은 이처럼 완전히 다르다. 여고가 더욱 다양한 언어로, 좋게 말하면 다채롭게 학생들을 비유하고 있는 것처럼 보이지만 대개는 여성으로서 대상화되는 것에 그친다. 여학생들은 '여성'이나 '딸', '여인', '처녀', '아가씨' 등으로 비유되고, 학생이라기보다는 여성으로서의 역할을 부여받는다. 그러나 남고는 그 언어가 성역할이 없는, 학생

여고 교가의 호칭 분석   남고 교가의 호칭 분석

(개인)으로서 주로 대상화된다. '아들'과 '남아'를 제외하고 '학도', '건
아', '젊은이', '청년' 등으로 비유되는 것이다.

특히 여성은 여러 종류의 '(향기로운) 꽃'에 비유되는데, 무궁화, 백
합, 수선화, 진달래, 꽃봉오리 등이다. 우리가 흔히 '아름답다', '예쁘
다'는 감정을 떠올리는 것들이다. 반면 남성은 그에 대응하는 '(우뚝
솟은) 기둥'으로 비유된다. 실제로 기둥이라는 단어 앞에는 대개 '솟
다'라는 형용동사가 수식되어 있다. 이것은 건강한 남성의 상징처럼
자주 등장하는 단어인데, 이 역시 학생들을 성적으로 대상화한다는
점에서 문제적이다. 다만 꽃이라든가 기둥이라든가 하는 단어들 자체
에는 별다른 문제가 없다. 그러나 여학생도 남학생도 상대편이 자신
들 같은 언어로 규정되지 않는다는 사실을 잘 알고 있다. 만약 그것이
남고나 여고 모두에서 비슷한 빈도로 등장하거나 섬세한 맥락에서 사

딸	향기	꽃송이	무궁화	여성	백합
22	22	15	15	15	8
여인	꽃동산	나무	일꾼	주인	(꽃)봉오리
5	4	4	4	4	3
아가씨	새 일꾼	수선화	인간	인류	자매
3	2	2	2	2	2
젊은이	진달래	큰아기	학우		
2	2	2	2		

표1 전국 공립여고 교가의 호칭 형태소 분석 상위 빈도순(N)=2)

학도	건아	젊음	일꾼	젊은이	기둥
23	20	16	12	12	11
아들	새 일꾼	영재	인재	인류	청년
9	6	6	6	5	5
향기	학우	남아	주인공		
5	4	3	2		

표2 전국 공립남고 교가의 호칭 형태소 분석 상위 빈도순(N)=2)

용된다면 괜찮겠으나, 학교의 훈이라는 것은 몹시 단순하고 폭력적이다. 결국 별 문제가 없는 아름다운 단어들은 어느 하나의 성별에 일방적으로 고착화되어 버리고 훈으로서 오염되기에 이른다.

앞의 그림에서 가장 굵게 표시된 단어는 각각 '딸'과 '학도'다. 딸은 여고의 교가에 22회, 학도는 남고의 교가에 23회 등장한다. '건아'(20회)와 '여성(여인)'(20회)도 자주 등장하는데 '건아'는 애초에 '건강한 아이'가 아닌 '건강하고 씩씩한 사나이'를 의미하는 단어다. 대한의 건아, 나라의 건아, 늠름한 건아, 산업의 건아 등으로 호칭될 수 있는 것은 남성뿐이다. 그런데 '학생'이나 '학문을 닦는 사람'을 의미하는 '학도'가 남고의 교가에만 등장하는 것은 문제적이다. 학교에서 남성이 공부하는 사람으로서 의미를 갖는 반면, 여성은 특정 성별로서만 대상화되고 있기 때문이다.

근대 시기 이전까지 공부는 남성의 전유물이었다. 참고로 '공부한다'는 것과 '문학한다'는 것은 동의어였는데, 문학(文學)이란 우리가 흔히 아는 'literature'가 아닌 'study'의 의미였다. 문학이 소설이나 시 등의 자율성을 가진 예술 장르로 분화되기 시작한 것은 1910년대의 일이고, 그 이전까지는 유교 경전을 공부하는 것을 오로지 '학'이라고 했다. 그래서 연희전문학교(연세대학교의 전신)에서는 1930년대 초반까지도 국학의 창시자로 불리는 위당 정인보가 문학입문 강의에서 《명심보감》을 교재로 사용했다. 문학을 경전을 공부하는 것으로 믿는 이들이 그 시대까지도 여전히 동시했던 것이다. 〈무정〉의 저자 이광수는 이를 두고 잡지 〈삼천리〉에 "문학을 모르는 사람이 문학을 가르친다"고 비판하기도 했다. 공부는 곧 문학이었고, 그것은 유교 경전을 번역하고 해석하는 일이었다. 공부해야 할 당위성을 부여받은 것은 관직에 나아갈 수 있는 남성들뿐이었다. 그런 유리 천장이 공고하게 구축되어 있는 이상, 여성은 '공부하는 사람'이 되어야 할 이유가 없었다. 이후 소학교령의 반포와 함께 근대식 학교가 설립되었고 우리가 아는 학교가 탄생하기에 이른다. 그러나 그때부터 우리는 'ᄋᄋ여자고등보통학교' 하는 식으로, 여학교 이름에 반드시 여자라는 성별을 명시했다. 학생이 모인 공간이 아니라 여성이 모인 공간으로 규정한 것이다.

결국 백여 년이 지난 지금도 여성은 스스로를 '공부하는 사람(학도)'으로 규정할 수 없다. 현대의 여성은 이제 공부하는 몸이 되었지만, 그들을 구성하는 언어는 여전히 근대 시기에 머물러 있다. 재학하는 내내 노래하고 들어야 할 교가에서도 그들은 어머니, 여성, 여인, 딸과 같은 생애주기에서의 역할을 미리부터 부여받은 존재가 된다. 이처럼 여성은 교가에서도 학생이 아닌 여성으로 밀려나고, 응당 공유해야 할 언어들을 빼앗기고 있다. 그러나 학교에서는 남학생이든 여학생이든 학생으로서 하나의 인격체가 되어야 한다. 학도, 학생, 젊은이, 청년 등의 단어는 모두가 공유해야 하는 것이다. "우리에게는 언어가 필요하다"는 여성들의 외침은 남성이 전유한 언어들을 전복시키고 다시 가져오고자 하는 노력이기도 하다. 학교의 여성들부터 언어의 핍진 상태에 놓여 있고, 남성들은 과잉 상태에 있다. 핍진과 과잉은 서로에게 슬픈 일이다.

한 시대의 언어는 그 시대를 구성하는 개개인의 몸보다 뒤처져서는 안 된다. 훈은 개인보다 후행하면서 그들을 퇴보시키기보다는 선행하며 변화를 이끄는 역할을 해야 한다. 학교라는 현장이라면 더욱 그렇다.

다음 목록은 각각 여학생과 남학생을 호칭하고 있는 실제 교가의 내용을 인용한 것이다. 높은 빈도로 나타난 것들을 대상으로 했다. 살펴보면 그 차이를 명확히 감각할 수 있다.

여자고등학교

"**참된 여성의 요람**"(부광여자고등학교)
"**순결 검소 예절 바른 한국 여성 본이라네**"(학성여자고등학교)
"**여성의 참된 길을 배워가리라**"(창원여자고등학교)
"**어질고 슬기로운 여성이 되자**"(구미여자고등학교)
"**찬란히 피어나는 여성의 요람**"(학익여자고등학교)

"평화로운 보금자리 여성의 착한 꿈은 여기서 자라고"(부산동여자고등
학교)

"참되고 슬기로운 여성이 되리"(서귀포여자고등학교)

"슬기로운 꿈을 심는 여성의 요람"(서천여자고등학교)

"자랑도 그윽해라 새 여성의 얼"(목포여자고등학교)

"넋을 닦으며 자라는 우리 여성 아담하구나"(강릉여자고등학교)

"높은 향기 지니는 여인이 되자"(경북여자고등학교)

"우리들은 이 나라의 여인이 되자"(구미여자상업고등학교)

"모여든 처녀들 슬기 있는 여인 되어 삼천리에 빛내라"(청주여자고등
학교)

"피어나는 나라의 꽃 귀한 딸들"(철원여자고등학교)

"수선화 송이송이 피어난 우리"(대정여자고등학교)

"우리들은 검님의 딸들 향기롭다 수선화 피고 또 피어"(창덕여자고등
학교)

남자고등학교

"큰 뜻 품고 웅비하는 패기의 학도"(연수고등학교)

"기술 학도 빼어난 이름 이 누리에 길이 빛날 군산기계공고"(군산기계
공업고등학교)

"나라와 겨레 위해 큰 일꾼이 될 실력을 쌓아가는 학도들"(의정부고등

학교)

"이 나라 청년 학도 기르는 전당 세우자"(홍천고등학교)

"문화의 전당을 밝게 비춘다 기쁨에 모여라 젊은 학도여"(한국원자력

마이스터고등학교)

"찬란하게 빛나는 이고 영원한 북극성은 학도의 지표"(이천고등학교)

"아아 네가 참 우리나라 학도로구나"(제물포고등학교)

"배달 정기 이어받은 젊은 학도가 큰 뜻 품고 양양하게 배워나가는"

(속초고등학교)

"길 멀고 짐 무거운 대한 학도야"(성동고등학교)

"나날이 새로운 대한의 학도"(용산고등학교)

"대한의 기둥이 될 뜻을 세우니 의기도 장하다 청공의 학도"(청주공업

고등학교)

"영원을 노래하며 타는 가슴에 학도의 숨결을 높이 세우자"(강릉제일

고등학교)

"자주의 정신 노래하는 마고 학도 사명은 거룩하도다"(마산고등학교)

"세계로 번영의 길로 우리는 해양 학도 나라의 주인공"(인천해양과학

고등학교)

"이곳에 외치는 젊은 학도들 학문과 습성의 연마장"(인천고등학교)

"향학열에 불타는 늠름한 건아"(연수고등학교)

"성실하게 탐구하는 산업의 건아"(인천정보산업고등학교)

"역사의 선봉 되리 여천의 건아"(여천고등학교)

학교의 훈

"동방의 빛이 돼라 계림 건아들"(계림고등학교)

"아침 하늘 햇빛 같은 창원 건아"(창원고등학교)

"정열과 힘을 다해 배우는 건아"(김해고등학교)

"진리의 상아탑에 청춘이 더욱 높다 배달의 건아"(학성고등학교)

"줄기찬 서고 건아 한데 뭉쳐서 눈부신 새 전통 세워나가니"(서귀포고등학교)

"진리의 터전 위해 햇불을 들자 아아 빛내자 황지의 건아"(황지고등학교)

"모여든 학우는 나라의 건아 영기로 뭉쳐서 넋이 뛰논다"(영등포고등학교)

"꾸준히 일해 가는 선인 건아들"(선인고등학교)

"배달의 얼은 서로 얼리어 삼천의 건아야 하나가 되자"(용산고등학교)

"홍익인간 이념 아래 인경을 닦는 아 희망찬 강고의 건아"(강화고등학교)

"통영 건아여 만대에 빛날 통영고 여기 세우자"(통영고등학교)

"저 먼 하늘 힘차게 나가세 영고의 건아"(영덕고등학교)

"보아라 젊은 건아 대한의 아들"(인천해양과학고등학교)

"세계 평화 어화야 대공 건아 힘차게 나가자"(대구공업고등학교)

"옛 문화를 쌓아 올리려 모였네 새 대한의 공주고 건아들"(공주고등학교)

"삼천리 문화의 전당 무궁할 손 그 이름 경고의 건아"(경북고등학교)

5
그때는 맞고 지금은 틀린

그런데 1960년대에 설립된 학교와 최근에 설립된 학교의 교훈과 교가는 당연히 다를 수밖에 없다. 훈이라는 것은 그 시대의 욕망에 따라 모습을 달리하기 마련이다. 예들 들면 내가 다닌 1990년대 초의 국민학교에서 '반공'과 '멸공'이라는 단어는 학교 어디에서나 흔한 것이었다. 반공 포스터 그리기, 반공 표어 공모전, 반공 웅변대회 등이 언제나 열렸다. 그것은 교훈보다도 오히려 더욱 적나라하게 영향을 미치는 훈이었다. 나는 아직도 중학교 친구 D가 마포구청의 연단에서 "무찌르자 공산당!" 하고 두 팔을 벌려 외치던 기억이 선명하다. 웅변 이후 그 친구는 한동안 놀림받았다. 나는 그 훈이 학교라는 장 안에서 밀려나지 않기 위해 안간힘을 쓰던 마지막 시기를 함께했던 것 같다. 평화라는 단어가 멸공이나 북진을 대신해 통일이라는 단어 앞을 수식해 간다. 이것은 그때는 맞고 지금은 틀린, 시대에 따른 훈의 변화라고 할 수밖에 없겠다.

학교의 훈

성실	슬기	사람	봉사	여성
13	9	8	5	5
창의	겨레	지혜	건강	협동
5	5	4	4	4
정숙	부지런	사랑	순결	창조
4	3	3	3	3
도덕	眞	善	美	智
3	3	3	3	3
인재	진실	겨레의 딸	지성	생활
3	3	3	2	2
세계	어진	정직	겸손	우리
2	2	2	2	2
품성	모성	상냥	스스로	어엿
2	2	2	2	2
육성	자각	자랑	함께	자율
2	2	2	2	2

표3 전국 공립여고 교훈 형태소 분석 상위 빈도순(~1959년 설립, N)=2)

성실	슬기	봉사	순결	자율
11	8	4	4	4
사람	지혜	부지런	창의	협동
3	3	3	2	2
사랑	도덕	실력	마음	예절
2	2	2	2	2
어머니				
2				

표4 전국 공립여고 교훈 형태소 분석 상위 빈도순(1960~1979년 설립, N)=2)

훈의 시대

성실	협동	창조	자율	봉사
20	20	5	5	2
지성	사람	실천	실력	노력
5	4	3	3	4
책임	행복	단결	개척	도전
4	4	3	3	2
세계	슬기	용기	능력	인성
2	2	2	2	2
자립	진실	창의	학행 일치	강건
2	2	2	2	2
건강	문화	자유	자주	智
2	2	2	2	2
충효				
2				

표5 전국 공립남고 교훈 형태소 분석 상위 빈도순(~1959년 설립, N)=2)

성실	협동	창조	자율	실천
18	6	8	5	4
슬기	용기	지성	사람	인내
3	3	2	2	2

표6 전국 공립남고 교훈 형태소 분석 상위 빈도순(1960~1979년 설립, N)=2)

학교의 훈

성실	슬기	자율	부지런	여성
7	5	4	3	3
협동	사랑	지성	경애	미래
2	2	2	2	2

표7 전국 공립여고 교훈 형태소 분석 상위 빈도순(1980~1999년 설립, N)=2)

성실	창조	협동	탐구	창의
16	5	4	4	3
융합	봉사	명예	미래사회	인재
3	2	2	2	2

표8 전국 공립남고 교훈 형태소 분석 상위 빈도순(1980~1999년 설립, N)=2)

성실	자율	봉사	지혜	실력
2	2	2	2	2
건강	창조	행동	열정	예의
2	2	2	2	2

표9 전국 공립여고 교훈 형태소 분석 상위 빈도순(2000년~ 설립, N)=2)

정직	지혜	창조	봉사	성실
4	4	3	3	2
사람	실력	도전	열정	행동
2	2	2	2	2
사랑				
2				

표10 전국 공립남고 교훈 형태소 분석 상위 빈도순(2000년~ 설립, N)=2)

열정	예의	가슴	공동체	긍지
2	2	1	1	1
놀이	도전	맞춤	민주시민	보람
1	1	1	1	1
비전	생각	선택	소통	실습
1	1	1	1	1

표11 전국 공립고교 교훈 중 2000년대 이후 등장한 단어

학교의 훈

표3~표11은 각 여고와 남고 교훈의 키워드를 시대별로 나누어 그 빈도수를 나타낸 것이다. 각 학교의 설립 연도에 따라 1960년대 이전, 1960~1970년대, 1980~1990년대, 2000년대 이후로 나누어 살펴보았고, 2회 이상 등장한 단어들만을 대상으로 했다. 각 학교의 설립 연도를 무시하고 키워드의 빈도를 추출하고 나면 최근의 변화를 반영할 수 없게 되고, 최근에는 학교의 설립이 많지 않기에 새로운 언어를 포착하는 일도 어렵다. 시대에 따른 훈을 찾아보는 일은, 밀려난 욕망과 새로 등장한 욕망을 함께 살필 수 있게 해줄 것이다. 표가 다소 길지만 주요 단어들을 간단하게나마 훑고 넘어가기 위해 있는 그대로 붙여 넣었다.

표에 따르면, '성실'과 '슬기'는 모든 시대에 걸쳐 꾸준히 강조된다. 그러나 1960년대까지는 압도적이었던 것이 점점 줄어들어 '자율'이나 '지혜', '창조' 등과 별로 차이가 나지 않게 된다. 2000년대 이후 설립된 학교의 표본이 많지 않아서 어떤 현상을 일반적인 것으로 단정하기는 어렵다. 다만 무리하지 않는 선에서 다음과 같은 몇 가지 의미를 찾을 수 있다. 1) 2000년대 이후에 설립된 학교들의 경우 남고와 여고가 구분되지 않을 만큼 교훈들이 비슷하다는 것, 2) 2000년대 이후 처음 등장한 교훈들은 이전과는 다르게 가볍고 밝은 분위기의 단어라는 것, 3) 몇 가지 문제적인 단어가 시대에 따라 점차 줄어들어서 나중에는 아예 등장하지 않게 된다는 것 등이다.

우선 표9와 표10은 2000년대 이후에 설립된 여고와 남고의 교훈을 모은 것인데, 단어만 제시된 상태에서는 여고인지 남고인지 짐작하기가 쉽지 않다. 오히려 '사랑'이라는 훈은 이전 시대에는 여고에만 등장하던 것인데 2000년대 이후에 이르러서는 남고에서만 그 모습을 보인다. 여성이나 남성으로서가 아닌 '학생'으로서 보편적으로 받아들일 수 있는 훈이 대부분이라는 점에서 이것은 긍정적인 변화다.[9] 그에 더해 표11을 참조하면 가슴, 공동체, 긍지, 놀이, 맞춤, 민주시민, 선택 등은 이전 시기에는 한 번도 등장하지 않았던 것이다. 2000년대 이후에 설립된 학교에서는 별로 무겁거나 부담스럽지 않은, 학생들에게 익숙할 법한 단어들이 훈으로 선택되었다. 그리고 그 소멸이 가장 반가운 단어가 있다면 '순결'과 '정숙'이다. 끊임없이 등장하던 두 단어는 2000년대 이후로는 단 한 번도 훈으로 선택되지 않는다. 이것은 한 시대의 경향이라고도 할 수 있겠다. 물론 우리 사회는 여전히 순결한 몸과 정숙한 마음으로 존재할 것을 여학생뿐 아니라 모든 여성들에게 강요하고 있지만, 적어도 최근에 설립된 학교의 학생들은 그 훈에 익숙해지지 않을 수 있는 것이다. 나는 그들의 몸이 그만큼 하나의 주체로서 확장될 것으로 믿는다.

---

9 교육부에서는 2000년 6월에 '남녀차별 금지 및 구제에 관한 법률'(이하 남녀차별금지법) 시행 1주년을 맞아 남녀차별적인 교훈이 있다면 시정하게 하는 공문을 일선 학교에 보냈다. 그러나 많은 학교들이 따른 것 같지는 않다. 교육부에서 사례로 들며 문제 삼았던 학교들의 교훈은 여전히 그대로다. 다만 이후 새롭게 설립된 학교들이 이 지침을 따랐을 것으로 짐작된다.

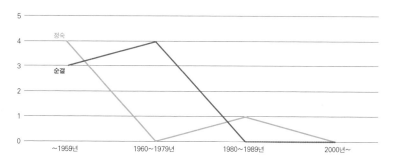

공립여고 교훈에서 '정숙', '순결' 단어의 출현 빈도 추이(설립 연도 기준)

　위 그래프는 '순결'과 '정숙'이라는 훈이 여고라는 공간에서 소멸해 가는 모습을 보여준다. 1979년까지는 총 11개에 달하던 것이 1980~1990년대에 이르면 1개로 줄고, 2000년 이후에는 그 어느 학교에서도 등장하지 않는다. 이 시기에 전국적으로 16개의 학교가 설립되었음에도 불구하고 그렇다.

　그러나 2000년대 이전에 설립된 학교에 입학한 학생들은, 특히 1960년대에 설립된 학교의 학생들은 여전히 순결, 정숙, 착한 딸, 어진 어머니와 같은 훈을 바라보며 교정을 오가야만 한다. 학교는 1960년에 설립되었지만 학생들은 2000년대에 태어났다. 개인의 몸이 변하는 만큼 이 시대의 몸이 변해야 하고, 그에 따라 개인을 규정하는 언어 역시 변화해야 한다. 학교는 이러한 흐름을 선도할 수는 없더라도 적어도 역행하지는 않아야 할 사회적 책임이 있는 공간이다. 학교의 전통과 학생의 미래 중 무엇이 더 중요한지는 굳이 말할 필요가 없다.

그에 더해, 2000년대 이후 개교한 몇몇 여학교들은 이제 '여성'이라는 이름을 조심스럽게 제외하고 있다. 전국적인 경향이라고 할 수는 없지만, 인천 초은고(2011), 인천 고잔고(2010), 인천 해송고(2010), 인천 세원고(2009), 인천 신현고(2009), 청주 산남고(2007), 인천 검단고(2002), 전주 솔내고(2001) 등이다. 청주 산남고등학교는 내가 강연을 위해 찾았던 학교인데, 교사 S는 "우리 학교는 여고라는 이름을 쓰지 않는 여고랍니다." 하고 학교를 소개했다. 그는 "무엇보다도 이 학교 이름에 자부심을 가진 학생들이 많아서 좋아요." 하고 현장의 분위기를 전했다.

학교의 여성들이 여고라는 이름을 지운 것만으로 자부심을 느끼는 것은 슬픈 일이다. 공부하는 여성이 아닌 공부하는 몸으로 그들을 규정해야 한다. 그때는 맞고 지금은 틀린 모든 것들에, 이제는 정말로 작별을 고할 때가 되었다.

6
애국조회와 교'장'의 욕망들

나는 초등학생 시절부터 월요일이면 정말로 학교에 가고 싶지 않았다. 월요병이라든가 하는 문제가 아니라, '애국조회'에 나가고 싶지 않았기 때문이다. 매주 월요일 아침이면 운동장에 전교생이 모여서 오와 열을 맞추어 정렬하고, 국기에 대한 맹세를 하고, 애국가를 부르고, 상을 받는 학생 대표에게 열없는 박수를 보내고, 교장의 훈화를 듣고, 국민체조를 하고, 교가를 부르는 시간을 가졌다. 1시간 가까이 이어지는 그 의례에 학생과 교사들 모두가 동원되었다. 1990년대, 한 반에 50여 명씩 배정하고도 오전반 오후반 2부제를 실시할 만큼 학생들이 가득했을 때다. 조회 때마다 천여 명의 학생들이 모이고 나면 양팔 간격이 아니라 반팔 간격을 하고서도 그 넓은 운동장이 가득 찼다.

내가 애국조회를 견디기 힘들어했던 이유는 그 시간 동안 몸이 무척 힘들었기 때문이다. 체육교사나 학생부장은 구령대에 올라서 스피

커를 들고 자신의 마음에 들 때까지 줄을 세웠다. 학생들은 그 구령에 따라 우르르 줄을 맞추어 몰려 다녀야 했다. 기준에서 가까운 쪽은 몇 발짝만 움직이면 되었지만 먼 쪽일수록 운동장 끝까지 전력질주를 했다. 조회대의 교탁 앞에 선 교장은 그것을 묵묵히 바라보았고, 각 학급의 담임교사들은 자신의 학생들 앞에 서서 제대로 줄을 맞추어 섰는지, 잡담을 하지는 않는지, 부동자세가 흐트러지지 않았는지 하는 것들을 감시했다. 누군가가 시범 케이스로 뺨을 맞거나 발길질을 당하고 나면 그제야 운동장 전체에 적막이 돌았다. 그런 분위기 속에서 교장은 "사랑스러운 ○○국민학교[10]/중학교/고등학교 여러분" 하고 훈화를 시작했다.

그 시기의 교장들은 학생들에게 전하고 싶은 훈이 아주 많았다. 내가 졸업한 초등학교의 경우는 일본식 어투가 입에 밴 교장이 "에, 또……" 하고 끝이 없는 훈화를 이어나갔다. 질서와 규율을 잘 지키는 일본 학생들을 닮아야 한다는 내용이 주를 이루었던 것으로 기억한다. 이것을 한 개그맨이 패러디해서 인기를 끌기도 했는데, "사랑하는 ○○ 초등학교, 여러분, 여러분, 여러분" 하고 운동장의 스피커가 울리는 것을 표현했다. 실제로 운동장에 설치된 스피커는 성능이 별로 좋지 않아서 메아리처럼 목소리가 울렸다. 훈이 제대로 전달될 만

10 　나는 국민학교에 입학해 초등학교를 졸업한 세대다. 1983년생들은 졸업을 앞둔 해에 국민학생에서 초등학생이 되었다. 그래서 나는 지금도 초등학교라는 단어가 별로 익숙지 않다.

한 환경이 아니었다. 문제는 그것을 부동자세로 몇십 분 이상 듣고 있던 학생들 중 몇이 반드시 쓰러졌다는 것이다. 반마다 영양실조나 빈혈 같은 시대적 만성질환을 겪는 학생들이 한둘씩 있었다. 그러나 스피커에서 그들을 걱정하는 목소리가 들린 일은 단 한 번도 없었다. 담임교사나 체육교사가 쓰러진 학생을 업거나 부축해서 양호실로 데려갔다. 대개는 아무 일도 없다는 듯 훈화가 계속 이어졌고, 가끔은 혀를 차는 소리와 함께 요즘 학생들은 정신력이 부족하다는 내용의 훈계가 들려오기도 했다. 그래서 나는 쓰러진 누군가에 대한 걱정보다는 그가 이탈하고 낙오했다는 데 대한 경멸, 그리고 덕분에 조회가 길어지게 됐다는 원망과 분노가 먼저 일었다.

1990년대의 운동장 조회가 학생들의 몸에 새겨 넣고자 한 훈은 '우리'라는 감각이었다. 그것은 학교라는 교육기관을 통해 전체주의적 규율에 익숙해진 개인을 얻고자 한 우리 사회의 욕망이었겠다. 모두가 동원되어 하나의 유기체처럼 움직여야 했고, 교훈의 연장이라고 할 훈화를 들으면서 개인이 아닌 '○○인'이나 '○○어린이'로서만 그 자리에 존재할 수 있었다. 지쳐서 쓰러지면 비로소 우리에서 이탈할 수 있었고, 아니면 모두를 대표해 상을 받을 때는 조회대 앞에 서서 ○○인의 이상향으로서 잠시 특별한 개인이 될 수 있었다. 나는 쓰러질 만큼의 약한 체력을 가지고 있지는 않았고, 타의 모범이 될 만한 일을 해본 일도 거의 없었다. 학교라는 몸의 일부로서 버티다 보면 훈화가 끝나고 교가를 제창하는 시간이 돌아왔다. 그렇게 나는 초등학교, 중학교, 고등학교 12년의 시간을 보내는 동안 개인에서 전체로, 다시 전체에서 개인으로 환원되는 연습을 계속해 왔다.

다행히 2018년에 이르러서는 매주 조회를 하는 학교가 많이 줄었다. 입학식과 졸업식 등 중요한 행사가 있을 때만 운동장이 아닌 강당에 모이고, 교실에서 방송으로 조회를 하는데 그것도 흔한 일은 아니라고 한다. 이전에는 비가 오거나 하는 어느 특별한 날에만 교실에서 방송 조회를 했다. 그러고 보니 '방송 조회로 대체'한다는 방송이 나오면 월요일 아침의 교실은 "와!" 하는 학생들의 환호성으로 가득 차곤 했다. 그만큼 견뎌내기 어려운 시간이었던 것이다. 그러나 지금도 운동장 조회를 고집하는 학교도 있다고 한다. 해당 학교의 교사들에게 물으니 그것은 정말이지 학교마다 다른데 '학교장의 재량'이라고 모두가 답했다. 어쩌면 1990년대의 애국조회는 자신의 훈을 전달하고자 하는, 혹은 자신이 그러한 권위를 가지고 있음을 확인하고자 하는 교장들의 각축장이었겠다. 그러한 사적 욕망에 '애국'이라는 명분까지 들어가고 나니 그 동원에서 자유로울 수 있는 개인은 없었던 셈이다.

그러나 조회가 아니더라도 1990년대의 학교들은 '애국하는 몸'을 만들어내기 위한 노력을 게을리하지 않았다. 특히 국민학교는 그 이

학교의 훈

름처럼 국민 동원의 장으로서 역할을 충실하게 수행해 냈다. 그때는 한 달에 한 번 '폐품의 날'이라는 것이 정해져 있었다. 그날이 되면 학생들은 신문이나 종이 상자 같은 폐지를 들고 학교에 갔다. 저마다 각 가정의 자원을 한아름씩 개미처럼 들고는 모여들었다. 적어도 2킬로그램 이상을 가져와야 한다는 매뉴얼이 있었다. 개인과 한 학급이 모은 폐품의 무게가 킬로그램 단위로 모두 기록되었고, 그에 따른 상벌이 즉각적으로 따라왔다. 1등을 한 학급에게는 축구공 같은 것을 선물로 준다든가 조회 시간 반장에게 '타의 모범이 되었다'는 칭찬과 함께 상장을 수여하는 등의 보상이 있었고, 아예 폐품을 가져오지 못한 학생들은 가혹한 체벌을 받기도 했다. 집에서 신문을 볼 형편이 되는 학생들은 부모가 그것을 차곡차곡 모아두었다가 들려 보냈지만 그렇지 못한 학생들도 있었다. 그들은 친구들에게 신문지를 조금씩 구걸하거나 길거리에 버려진 종이 상자를 주웠다. 그뿐 아니라 바자회를 한다고 쓸 만한 물건을 가져오게 해서 그것을 수거해 학생과 학부모에게 다시 판다든가, 철마다 불우이웃돕기 성금을 모은다든가, 때로는 농민을 돕는다며 1인당 몇 포기씩 배추를 사서 집에 가져가게 한다든가, 겨울이면 결핵 환자를 돕기 위한 크리스마스실을 사게 한다든가, 하는 일들이 있었다. 부모들 역시 아침마다 도시락을 싸서 들려 보낸다든가, 녹색어머니회 소속으로 교통 지도에 나선다든가 하는 방식으로 동참해야 했다. 이처럼 학교는 단순히 학제에 따른 교육만을 담당하는 기관은 아니었다. '애국하는 몸', 그러니까 국민으로서의 몸을 만들어내기 위한 장이기도 했던 것이다.

　언어의 전달이라는 세련된 방식과 함께, 이처럼 한 개인의 몸을 통제하는 일차원적인 방식으로도 훈은 개인에게 전달된다. 애국조회와 같은 여러 의례를 거치면서 개인의 몸은 위축되고 비판적인 사유 없이 훈을 받아들일 수 있을 만큼 수동적으로 변한다. 단순히 학생의 몸만 변하는 것이 아니라 그와 연결된 부모의 몸도 그렇게 되고 만다. 가족은 서로의 몸을 보며 확장과 위축을 함께하는 존재들이기 때문이다. 나는 학교에서 나의 몸에 새겨둔 '우리'라는 감각이 제대로 된 것이라고 생각하지 않는다. 교내 방송에 따라 우르르 몰려 다녀야 했고, 이탈한 누군가를 배제해야 했고, 김민섭이 아닌 ○○인으로서만 존재해야 했던 시간이었다. 다음 세대들은 이러한 동원에서 자유로울 수 있으면 한다. 학교는 개인에게 동원되지 않을 자유를 가르치고 학습하게 해야 할 공간이기 때문이다.

7

훈을 바꾸는 어려움 : 원주여고의 사례

원주여고의 교감으로 재직한 김병철 선생을 만났다. 내가 《훈의 시대》에 대해 말하자 그는 "아, 제가 원주여고에 있을 때 교훈을 바꾸려고 한 일이 있습니다." 하고는 그때의 일화를 들려주었다. 원주여고는 내 아내의 모교이고, '참된 일꾼, 착한 딸, 어진 어머니'라는 교훈을 가진 학교다. 평준화되기 이전에는 지역 생활정보지에 "전 과목 과외 가능, 원주여고 출신" 하는 식의 구인 광고가 많이 올라왔다. 서울에서 온 나는 그것을 이상하게 생각했지만, '원주민'이라고 불리던 원주 출신의 친구들은 '서울대 재학'을 내세우는 것보다도 그게 훨씬 더 효과적이라고 했다. 학부모들이 원주여고를 가장 선호한다는 것이었다. 그만큼 지역의 대표적인 명문 학교다. 그런데 원주여고는 왜 교훈을 바꾸지 못했는지, 나는 흥미롭게 그의 이야기를 듣기 시작했다.

강원도 원주는 '혁신도시'로 선정되면서 큰 변화를 겪게 되었다. 한

적한 동네였던 반곡동에 12개의 공공기관이 들어서고 그 일대를 중심으로 아파트 단지와 상가들이 자리 잡았다. 원주여고는 2013년 7월에 혁신도시 부지로 이전하게 되었다. 그러면서 학생들을 중심으로 교훈을 바꾸자는 목소리가 높아졌고, 김병철 선생 역시 원주여고의 훈을 시대에 어울리지 않는 것으로 생각해 학교 이전과 함께 바꾸고자 마음먹었다.

이 시기의 〈강원일보〉 기사를 참조하면, 학교 측이 학생과 학부모, 교사들을 대상으로 교훈 개정에 대한 설문 조사를 한 결과 901명이 찬성했고 402명이 반대했다.[11] 사실상 개정이 결정되고 무엇으로 바꾸어야 할지에 대한 문제만이 남게 되었다. 이에 따라 학교 측에서는 교훈 공모전을 개최하려 했고, 이전이 완료되면 개교식 날 새로운 교훈비를 공개하는 행사를 치를 준비도 하고 있었다.

강원지역 A여고 졸업생의 학부모 이 모 씨(56)는 학교 교정탑에 적힌 '참된 일꾼, 착한 딸, 어진 어머니'라는 교훈이 마뜩찮았다. 교직 경험이 있는 이씨는 "착한 딸, 어진 어머니이기 이전에 한 인간으로서 주체적인 삶을 살아갈 수 있는 지혜를 배우기를 기대한다"며 학교와 동문회를 상

---

11 '원주여고 68년 만에 교훈 개정 찬반 팽팽', 〈강원일보〉, 2013년 4월 24일, 18면.

대로 교훈 변경을 제안했다. 그는 "여성이 독신일 수도 있다는 점을 부정하는 표현"이라며 "유교적 남성 중심 사회에 기초한 여성상"이라고 지적했다.[12]

원주여고 교훈은 '참된 일꾼, 착한 딸, 어진 어머니'다. 이 교훈에 담긴 인간상 혹은 여성상 세 가지 '참된 일꾼, 착한 딸, 어진 어머니' 모두 아름다운 인간의 한 모습이다. 하지만 내 딸이 이런 교육적 철학 아래에서 교육받는 것이 달갑게 느껴지지 않았다. 교훈에 동의할 수 없었다. (⋯⋯) 첫째, 우리 아이가 타인의 삶의 보조자가 아닌 자기 삶의 주인공으로 살아가길 원한다. 자신의 삶을 행복하게 살아가기 위해 삶을 계획하며 결혼을 하거나 독신을 선택할 수도 있다. (⋯⋯) 둘째, 우리 아이들은 민주적 가치가 세상을 지배하는 사회에서 살고 있다. 남성 우월주의 사회가 아닌 양성 평등 사회에서 살고 있다. 그런데 원주여고 교훈은 유교적 남성 중심 사회의 가치에 기초한 여성상을 강조하고 있다. (⋯⋯) 셋째, 인간은 기업의 이익 창출을 위한 수단이나 도구가 아니다. 또 어떤 조직의 발전이나 그 조직의 목적 구현의 수단이나 도구가 아니다. 인간 자체가 목적이다. 즉 인간 자신이 자신의 삶을 위해, 자신의 행복을 위해, 자기 실현과 완성을 위해 살아가는 것이다. 그런 의미에서 '참된 일

---

12 '성차별적인 교훈 변경 무산 교육부 개선 약속 흐지부지', 〈파이낸셜 뉴스〉, 2017년 10월 25일.

꾼'이 돼라고 가르치는 것도 산업화 시대나 전체주의 사회에서나 강조될 법한 인간상이라고 생각된다.[13]

학생과 교직원뿐 아니라 학부모들도 자신의 딸이 "한 인간으로 주체적인 삶을 살아갈 수 있는 지혜를 배우기를 기대한다."면서, 교훈 개정에 힘을 보탰다. 그러나 이때 뜻밖의 반대자가 나타났다. 김병철 선생에 따르면 총동문회가 이를 허락하지 않았다는 것이다.

인터뷰 1

김민섭 그런데 왜 교훈이 개정되지 않은 건가요?

김병철(전 원주여고 교감) 1회, 2회, 3회 졸업생들, 그러니까 우리가 왕언니라고 부르는 분들이 찾아왔습니다. 68회가 졸업했으니까, 1회 졸업생들은 85세가 된 거지요. 이분들이 내 눈에 흙이 들어가기 전에는 교훈을 바꿀 수 없다고 반대를 했어요, 하하. 그리고 동문회에서 이걸 허락하지 않은 거예요.

---

13 독자마당, '원주여고 교훈에 대해', 〈원주투데이〉, 2013년 4월 15일.

학교의 훈

김민섭 동문회에서 반대했다고 해서 교직원과 학생들이 찬성한 일이 뒤집힐 수도 있는 건가요?

김병철 꼭 그런 것은 아닙니다. 강행하려면 할 수도 있지요. 하지만 원주여고는 그러한 의견 수렴이 필요한 학교였고, 동문회가 반대하는 것을 굳이 진행하지는 않기로 했어요.

저마다의 사정에 따라 다르겠지만 동문회의 영향력을 무시할 수 없는 학교들이 있는 법이다. 총동문회는 만장일치로 교훈 개정을 반대했고, 〈강원일보〉는 이 소식을 다음과 같은 속보 기사로 전했다.

변경 여부를 두고 논란을 빚던 원주여고 교훈(본보 4월 24일자 18면 보도)이 그대로 유지돼 68년의 역사와 전통성을 이어갈 전망이다. (……) 동문들은 이날 자리에서 "교훈은 학교의 가치관, 교육 방향 등 핵심 덕목을 간결하게 표현한 것"이라며 "시대가 변해도 교훈은 변하지 않는 학교의 긍지이며 전통"이라고 했다. 또 "전통은 지켜왔기 때문에 전통이며 지켜가기 때문에 전통이다."라고 강조했다. 교훈 개정을 추진하던 학교 측 역시 무엇보다 총동문회의 의견을 중요시하겠다는 방침인 만큼, 원주여고의 교훈은 변경 없이 1945년 학교를 설립하면서 정해진 '참된 일꾼, 착한 딸, 어진 어머니'로 이어질 예정이다.[14]

원주여고는 결국 총동문회의 결정을 받아들였고 '68년의 역사와 전통'을 지키게 되었다. 물론 최종적인 결정은 학교운영위원회에서 하는 것이지만 동문회에서 반대하는 것을 굳이 진행할 수는 없었다고 한다. 김병철 선생은 안타까워하면서도 그들의(왕언니들의) 심정을 이해한다고 말했다. 원주여고 이전이 결정되고 학교에 관광버스를 대절하거나 홀로 찾아와 눈물짓는 초기 졸업생들이 아주 많았다는 것이다. 그들이 교정을 둘러보면서 우는 것을 보고 그 역시 마음이 애잔해졌다고 한다. 학창 시절을 보낸 공간이 60년이 넘는 세월 동안 여전히 함께하고 있다는 것은 어떤 의미일지, 나는 쉽게 상상이 가지 않는다. 그리고 이전을 앞둔 교정을 찾았을 때 어떠한 심정이 될지도 잘 알 수가 없다. 그런데 그들은 공간의 이전을 두고서는 울며 손을 흔들었지만, 언어의 이전에는 분노했다. 그들에게 공간보다 떠나보낼 수 없는 것은 언어였고, "시대가 변해도 교훈은 변하지 않는 학교의 긍지이며 전통"이라는 말로, 자신들의 훈을 지켜냈다.

나는 김병철 선생의 이야기를 듣고는 무언가 허탈해졌다. 핵심 구성원이라고 할 수 있는 학생과 교직원, 두 주체가 마음을 모았는데도, 결국 교훈을 바꾸는 데 실패한 셈이다. 그들의 앞을 가로막은 것이 다

---

14 '원주여고 교훈 그대로 유지 만장일치', 〈강원일보〉, 2013년 5월 21일, 18면.

학교의 훈

름 아닌 선배 동문들, 같은 공간에서 학창 시절을 보낸 평범한 개인들이라는 데서는 절망적이기까지 했다. 사실 많은 경우에 '을'을 막아서는 것은 갑이라기보다는, '갑'을 위한 대리전쟁을 수행하는 을들이다. 개인이 자신을 둘러싼 언어를 전복하는 일은 과연 가능할까, 제도와 문화에 작은 균열이라도 내는 것이 가능한 일일까, 나는 자신이 없어졌다. 이러한 감정은 나뿐 아니라 그 당시의 학생들에게 더욱 절실히 찾아왔겠다.

팔순이 넘은 초기 졸업생들은 착한 딸로서, 어진 어머니로서, 참된 일꾼으로서 자신의 삶과 삶의 태도를 형성해 왔을 것이다. 모교의 이전 소식에 찾아와 교정을 거닐며 눈물지을 만큼, 그들은 공간과 자신을, 특히 그 공간의 언어와 자신을 동일시하고 있었다. 그 언어에 익숙해진 몸은, 그것을 쉽게 '전통'이라고 부르게 된다. 외부의 눈으로 보았을 때는 우선 무엇이든 비판적으로 사유할 수 있지만, 내부자가 되고 나면, 그 언어를 부정하는 것은 곧 자기 자신을 부정하는 일이 되기에, 개인은 그 수호자가 되기 쉽다. 그 훈을 만든 사람은 이미 그 공간에 없지만 그것을 지켜내기 위한 역할을 자임하는 것이다.

개인은 계속해서 자신과 자신이 속한 공간에 물음표를 보내지 않으면 누구나 보수화될 수밖에 없다. 나를 비롯해 모두가 그런 나약한 몸을 가지고 살아간다. 자신에게 익숙한 언어를 지켜내고 싶어 하고,

익숙하지 않은 언어를 거부하고 싶어 한다. 진보를 자처하는 이들도 자신이 속한 조직에서는 오히려 더욱 보수화되는 경향을 보인다. 언어를 수호하려는 개인은 보수화된 개인이다.

한 공간의 훈을 바꾼다는 것은 어쩌면 가장 어려운 일이겠다. 그 언어에 익숙해진 이들이 그 가치를 지키기 위해 나서기 때문이다. 그러나 원주여고의 동문들 모두가 반대한 것은 아니었다. 자신에게 익숙한 언어가 아님에도 불구하고 다음 세대를 위한 변화를 주장한 이들도 분명히 있었다. 특히 학교 내부에서는 의욕적으로 추진했던 일이라고 한다. 유의미한 결과는 없었지만 그 자체로 멋진 일이다. 여기에 참여한 학생과 교직원, 학부모들은 내부의 균열을 목도하고 그것을 바로잡기 위해 나선, 특별한 개인들이다. 물음표가 새겨진 몸은 쉽게 돌이킬 수 없게 된다. 당연하고 익숙한 것들의 균열이 눈에 들어오게 되고, 그러한 몸이 후배들에게도 전해진다. 그들은 이제 졸업을 하고, 전근을 가고, 모두가 우리 사회 어디에서 한 개인으로 존재하겠지만 어디에서든 그 공간의 제도와 문화를, 무엇보다도 언어를 변화시킬 수 있는 주체로서 살아갈 수 있을 것이다. 개인의 변화만큼 원주여고의 변화 역시 계속되기를 바란다.

8

훈을 바꾼 학생들 : 강화여고의 사례

2017년 가을에, 강화여자고등학교에서 인문학 특강을 했다. 나는 그때 《훈의 시대》를 쓰고 있었다. 요즘 어떤 책을 쓰고 있냐고 묻는 학생에게 교훈과 교가에 대한 책을 쓰고 있다고 했더니 어느 학생이 손을 들고는 "저희는 직접 교가를 바꿨어요!" 하고 말했다. 아마도 '참된 일꾼, 착한 딸, 어진 어머니'라는 교훈을 예로 들면서 이러한 훈들이 바뀔 필요가 있다고 말하던 참이었을 것이다. 내가 어떤 가사를 어떻게 바꾸었느냐고 되묻자 그는 "교가에 '여자다워라' 하는 가사가 있는데 마음에 안 들어서 우리가 학생회의를 열어서 바꿨어요." 하고 답했다. 그를 비롯해 교실의 모든 학생들이 '저희 잘했지요?' 하는 표정으로 나를 바라보고 있었다. 내가 "정말 멋진 일이에요. 《훈의 시대》를 쓰면서 강화여고의 사례를 다뤄도 괜찮을까요?" 하고 묻자, 모두가 박수를 치면서 "와!" 하고 환호했다. 강의를 끝내고 돌아가는데 젊은 교사가 나에게 쪽지를 한 장 전해 주었다. 거기에는 원래의 교가

가사와 바뀐 교가 가사가 적혀 있었다.

> 향곡의 문화터전 강화여고
>
> 칠선의 후예들이 한곳에 모여
>
> 한배님 끼치신 뜻 계승하려네
>
> (후렴) 아아 참다워라 여자다워라 ← 지혜로워라
>
> 한 흰샘의 여자다워라 ← 은수되어라
>
> *은수 : 강화여고 옆의 샘물, 은처럼 맑은 물

강화여고의 교가는 원래 '여자다워라' 하는 후렴구를 반복하는 것이었으나, 지금은 각각 '지혜로워라', '은수되어라'로 바뀌었다. 쪽지를 전해 준 H 교사는 스스로와 학생들에 대한 자부심을 굳이 숨기지 않았다. 혹시 책을 쓰는 데 참고할 내용이 있으면 언제든 연락하라면서 환하게 웃었다. 나는 고마움과 희망을 함께 안고 강화여고에서 나왔다. 사실 원주여고의 사례를 조사하면서 개인이 사회를 바꿀 수 있을까, 아주 작은 균열이라도 낼 수 있을까, 하는 절망이 커진 상태였다. 이런 나를 구원해 준 것이 강화여고의 학생들이었다.

H 교사에 따르면, 학생들이 문제를 제기한 것은 2016년 5월부터였다. 교정에 있는 바위에 새겨진 "여자다워라, 여자다워라" 하는 문구에 대해 학생들이 의문을 가지기 시작했고, 교가의 가사 역시 시대

착오적이라는 목소리가 커졌다. 그리고 보니 나도 강화여고의 교정을 걸어 나오는 동안 나보다 큰 바위와 마주친 기억이 있다. 거기에는 "여자다워라, 여자다워라" 하는 문구가 새겨져 있었다. 교가는 바뀌었지만 돌에 새긴 훈은 아직도 선명히 남아 있다. 몇몇 학생들은 집에 가서 부모들과 이야기를 나누었고, 학부모 운영위원회에서 문구 변경에 대한 의견이 오갔다. 학부모들 거의 모두가 강화여고의 졸업생들이었다. 그러니까, 그들도 학생 시절에 자신의 자녀가 걸었던 그 교정을 걸었고, "여자다워라" 하는 문구를 보았고, 조회 시간마다 여자다움을 노래해야 했던 것이다. 교직원들 역시 여기에 공감하고 호응했다. 교내 대회로 '교가 가사 공모전'을 개최했고, 총 11명의 학생들이 가사를 적어 제출하기에 이르렀다. 지금 강화여고의 교가는 그중 하나를 선정한 것이다. 심사에는 국어교사, 인문사회부장, 음악교사, 교감, 교무부장 등 5명이 참여했다고 한다. 학생 대표가 동등한 자격으로 함께할 수 있었다면 더욱 좋았겠으나, 이미 충분히 멋진 일이다.

교가의 가사를 바꾸기 위한 강화여고 구성원들의 노력은 불과 반년 만에 결실을 맺었다. 2017년 입학식에서 새로운 교가를 부르게 된 것이다. 학생, 학부모, 교직원, 세 주체가 함께 움직이니 수십 년 동안 학교를 지배해 온 언어를 바꾸는 일은 별로 어렵지 않았다.

실제로 H 교사는 교가를 바꾸는 일이 무척 순조롭고 즐거웠다고 했다. 시대적 흐름을 따르는 일이어서 반대의 목소리도 없었다고 한다. 다만 작사자가 이미 고인이 되어 개사에 대한 동의를 구할 수가 없었고, 그에 따라 제한적으로 부분 개사만 할 수 있었다. 수상을 한 학생에게도 기존의 작사자 이름을 그대로 두는 것에 대해 설득해야 했다. 전면적인 개사가 이루어졌다면 작사자는 그 학생의 이름이 되었어야 하겠다.

강화여고 교가의 작사자는 초대 교장인 이돈해 선생이다. H 교사는 그가 음악교사가 아니었을까 추측한다고 했는데, 자신이 머문 공간에 훈을 남기고자 하는 욕망은 누구에게나 있는 법이다. 한 학교의 장에게는 그러한 권력이 있다. 특히 초대 교장이라면 굳이 그러한 기회를 마다하지 않을 것이다. 그 역시 '여자다워라' 하는 문구를, 교육자로서 자신이 가졌던 철학을 하나의 훈으로서 교가에 박아 넣었다. 그것이 1955년의 일이다. 그리고 60여 년이 지난 오늘날에 와서야 강화여고의 학생들은 자신들에게 여자다움을 강요해 온 그 훈을 바꿀 수 있었다.

학생들이 공모전에 제출한 몇 개의 교가를 살펴보면 다음과 같다. 문제가 된 후렴구에 대한 부분 개사이기 때문에 해당 부분만을 인용했다.

학교의 훈

아 참다워라 학생다워라

한 흰샘의 학생다워라

희망찬 내일을 일궈가는 우리

자랑스런 강화의 명문

아아 밝은 미래 세계 너머로

아아 함께 손잡고 도약하자

아아 총명하여라 강화여고

세계로 뻗어 나가자 저 멀리

　위의 교가 가사들은 앞 장에서 살펴본 여고의 여러 가사들과는 크게 다르다. 자신들을 여성이 아닌 '학생'으로 주체화하고 싶은 욕망이, 과거가 아닌 '내일'과 '미래'를 선도하고 싶어 하는 욕망이, 그 무대를 겨레나 민족이 아닌 '세계'로 확장하고 싶은 욕망이 모두 읽힌다. 나는 '여자다워라'를 '학생다워라'로 바꾸어 부른 강화여고 학생의 마음을 생각해 보다가, 정말이지 몹시 미안해졌다. 학교라는 공간에서 여자다움을 노래하면서 그동안 외로웠을 것이고 자신에게 학생이 아닌 여성으로서의 가치를 우선 부여한 누군가가 원망스러웠을 것이다. 그를 닮은 학생들이 오늘도 전국의 학교에서 자신에게 어울리지 않는 훈을 노래하고 있다는 사실에는, 우리 모두가 미안한 감정을 가져야만 한다.

그런데 인근에 있는 강화여자중학교와 강화여고의 교가는 완전히 같다. 이전에는 여중과 여고가 하나의 학교였기 때문이다. 분리되고 나서도 각 학교의 언어는 동일한 것으로 남았다. 역시 마지막까지 남는 것은 액체처럼 스며든 언어들이다. 결코 무너지거나 사멸하는 일 없이 가장 오랜 시간을 버틴다. 그러나 강화여고에서 일어난 언어의 변화가 강화여중으로 바로 가서 닿지는 않는다. 언젠가 영향을 미치기는 하겠지만 강화여중의 학생들은 한동안 "여자다워라" 하는 후렴을 반복하게 될 것이다. 졸업생의 70퍼센트는 자연스럽게 강화여고로 진학하게 되는데 이들은 이제 변경된 훈을 노래하게 된다. 아마 한동안 "지혜로워라" 하고 부르는 목소리에 "여자다워라" 하는 목소리가 작게 섞이지 않을까 한다.

강화여고의 사례는 자신의 언어로서 어느 공간에 존재할 수 없는 모두에게 희망을 준다. 사유하는 개인은 무한한 힘을 가진다는 사실을 증명해 낸다. 각각의 개인이 당장 무엇을 바꿀 수는 없지만 그러한 개인들의 총합은 기존의 제도와 문화에 균열을 낼 수 있을 만큼 강하다. 무엇보다도 언어를 전복할 수 있는 힘 역시 가지고 있는 것이다. 그러나 강화여고의 변화는 아직 끝나지 않았다. 2학년의 L 학생은

"아직 우리는 매일 아침마다 여자다워라 하는 문구가 적힌 바위를 보면서 등교하고 있어요. 저것도 치워야 해요." 하고 말했고, H 교사 역시 "사실 돌을 뽑는 게 쉬운 일이 아니어서 지금은 멈추어 있는 상태예요."라면서도 "저 돌은 언제쯤 산으로 보낼 수 있을까요?" 하고는 웃었다.

강화여고는 《훈의 시대》가 출간되고 나면, 나를 다시 한 번 특강에 초대하겠다고 말했는데, 그때는 돌이 있던 자리에 무엇이 있을지 궁금해진다. 그러나 여전히 "여자다워라" 하는 문구가 있더라도 괜찮다. 변화를 일으킨 힘은 구성원들의 몸에 남아 있고 그들은 언제든 다시 돌보다 무거운 무엇을 전복할 수 있는 존재가 되었다. L 학생도, H 교사도, 그리고 내가 만나본 모든 강화여고의 학생들도 스스로 자신의 언어를 되찾아 왔다는 자부심이 넘쳐서 참 좋았다. 이 사례를 희망의 증거로 남기고, 다음 장으로 넘어가고 싶다.

제**3**부

회사의 훈

　대리운전을 하는 동안 수도권의 이곳저곳을 많이 다녔다. 주로 지
내는 서울 망원동에서 첫 콜을 받고 출발하면 어느새 나는 파주, 일
산, 고양, 김포, 안산, 수원, 분당, 남양주, 동두천 등에 있곤 했다. 《대
리사회》라는 책에도 써두었지만 그러면 다시 서울로 돌아오는 일은
쉽지 않다. 사람들은 서울에서 일을 하고, 서울에서 술을 마시고, 자신
의 집이 있는 경기도로 돌아간다. 그래서 대리기사들도 일을 하다 보
면 결국 서울을 벗어나게 되는 일이 많다. 어떻게든 다시 강남이나 합
정과 같은 서울의 번화가로 향하지만, 새벽이 되면 결국 다시 경기도
다. 밤에 바라보는 경기도는 서울과는 많이 다르다. 수목원이나 화장
터가 있는, 그래서 들개를 조심해야 하는 적막한 공간도 있고, 서울에
서도 별로 보지 못한 번화가가 나타나기도 하고, 건물 하나에 수십 개
의 회사가 입주한 오피스텔 단지가 늘어서 있기도 하다.

언젠가 새벽 2시쯤, 경기도 분당의 모 오피스텔에 들어간 일이 있다. 공용화장실에 가기 위해서였다. 사실 운전을 하다 보면 화장실에 가는 일이 쉽지 않다. 화장실이야 여기저기에서 금방 찾을 수 있다지만 중요한 콜들은 꼭 볼일을 볼 때 와서 휙, 사라지고 만다. 그에 더해 11~1시 '피크타임'에는 화장실에 가는 시간도 아깝다. 시간이 곧 돈이니까 생리현상이 오더라도 웬만해서는 참아야 한다. 콜이 별로 없는 새벽 2시가 되면 화장실을 찾아볼 만한 여유가 생긴다. 내가 찾은 오피스텔 1층엔 화장실이 없었다. 엘리베이터를 타고 올라가자니 왠지 2층으로 가기가 민망해서 6층 버튼을 눌렀다. 내려서 곧 화장실을 찾았고, 거기로 걸어가다가 ○○건설의 사무실 앞에서 잠시 멈춰 섰다. 거기에는 1번부터 5번까지 사훈 비슷한 것이 걸려 있었다.

1. 우리는 남들보다 두 배 더 열심히 일한다.
2. 우리는 남들보다 두 배 더 빨리 출근한다.
3. 우리는 (……)

그 문구를 보면서, 나는 한참을 멍하니 서 있었다. 새벽 2시에도 건설사 사무실의 형광등은 환하게 켜져 있었고 누군가는 거기에서 정말로 '두 배 더 열심히' 일하고 있을 것이었다. 어쩌면 '두 배 더 빨리' 출근하기 위해, 이미 출근해 있는지도 몰랐다. 한숨을 한 번 내뱉고 오른편의 화장실로 들어가면서, 이 건설사의 직원이 된 나를 잠시

회사의 흔

상상했다. 그러다가 곧 숨이 막혀서 그만두고 말았다. 매일 아침마다 "우리는 남들보다 두 배 더……" 하는 사훈을 보며 출근할 자신이 없었다. 그러나 거기에 익숙해져 아무런 거리낌 없이 사무실의 문을 드나들게 될 나를 상상하고는 더욱 두려워졌다. "두 배 더……" 하는 것에 모욕감이나 민망함을 가지는 것보다도, 그러한 훈이 있다는 사실을 망각하거나 '그게 뭐 어때서' 하는 태도를 갖게 되는 일이 정말로 가슴 아픈 것이다. 더 이상 김민섭이라는 개인이 아니라 한 공간에 잡아먹힌 대리인간이 되었다는 징표가 될 것이기 때문이다. 어느 한 공간의 언어에 익숙해진 개인은 곧 그에 순응하게 되고 그것을 타인에게 강요하는 데까지 나아가게 된다. 신입사원은 대리가 되고 과장이 되고 조금씩 회사의 중심부를 향해 이동한다. 그리고 어느 날 회식 자리에서든 회의 자리에서든 "우리 조금 더 열심히 일하자"라든가 "적어도 몇 시까지는 모두 출근해서 앉아 있자"라는 말을 하게 될 것이다. 나는 대학에 있을 때 선배들에게서 "우리 아버지 같은 교수님들이……" 하는 말을 많이 들었다. 그 역시 그런 대로 하나의 훈이었고, 나는 그것을 종종 후배들에게 되돌려주기도 했다. 회사에서는 어쩌면 "우리 아버지 같은 대표님을, 부장님을……" 하고 그들의 언어를 재생산하는 일들이 벌어지고 있겠다.

사실 곁에 두고 오래 보게 되는 것일수록 제대로 인식하기가 어렵다. 익숙해짐이란 그런 것이다. 오히려 외부인의 자리에 있을 때 어느 공간이나 존재를 있는 그대로, 객관적으로 볼 수 있게 된다. 예를 들면, 신입사원들은 조직의 중심에서 가장 멀리 있는 존재들이기에 그 사훈을 매번 인식하게 된다. 그래서 그들은 곧 고민에 빠진다. 지금도 열심히 일하고 있는데 어떻게 두 배 더 열심히 일하지, 출근 시간은 9시까지인데 두 배 더 빨리 출근하려면 몇 시까지 오라는 거지, 하고 혼란스러워지는 것이다. 그게 반드시 수치화되고 계량화되지 않는다는 것을 알면서도 그렇다. 그러나 시간이 지날수록 그 고민은 옅어진다. 어느 한 공간에 익숙해진 한 개인의 몸은 그 내부의 훈에 익숙해진다. 정말로 두 배 더 열심히 무엇을 하게 된다는 의미가 아니라, 그 공간에서 권하는 '노력'과 '열정'의 온도를 받아들이는 것이다. 익숙해짐의 과정을 겪은 그들은 이전에는 비합리적이라고 여겼던 무엇을 더 이상 신경 쓰지 않게 된다. 여전히 회사의 정문을 오가며 머리 위에 같은 훈을 두고 있지만 그것을 인식하지 못한다.

화장실에서 나온 후에도, 그리고 며칠이 지난 후에도 "두 배 더……"하는 그 훈은 잘 잊혀지지 않았다. 그만큼 강렬하게 기억에 남은 것이다. 그래서 나는 다른 회사의 훈들이 궁금해졌다. 우리는 하나의 회사가 얼마나 많은 매출과 영업이익을 올렸는지에 대해 주로 관심이 있다. 그 자료를 토대로 줄을 세워서, 한국의 10대 기업이라든가 100대 기업 등을 매년 발표한다. 그러나 그들이 어떠한 사훈을 가지고 있는지는 잘 알지 못한다. 그 브랜드가 가진 이미지만이 막연히

회사의 훈

떠오를 뿐이다. 해당 기업에 지원한 취업 준비생이나 눈이 밝은 내부 구성원이 아니라면 굳이 그에 접근할 필요성을 느끼지 않는다. 실제로 회사들은 자신들의 훈을 선별적으로만 전시한다. ○○건설사의 홈페이지에도 "고객 만족을 최우선으로 삼고 변화와 혁신을……" 하는 대표 인사말만 공개되어 있다. 정작 자신들의 욕망을 드러낼 만한 훈들은 내부의 공간에 숨겨져 있는 것이다.

그러나 우리가 사훈을 알아야 할 이유는 명백하다. 회사는 개인을 통제하고 스스로 검열하게 하는 가장 간편하고 원초적인 방식이 그 공간의 언어에 있음을 잘 알고 있다. 이를 인식하지 않으면 개인은 아무런 사유 없이 물들게 된다. 개인을 잃고 회사의 개인으로서 살아가게 되는 것이다. 무엇보다도 우리 모두는 지금 일을 하고 있거나 일을 하기 위한 준비 상태에 항시 놓여 있다. 일을 하지 않아도 되는 축복받은 인생이라고 해도 사람이나 건물을 관리하기 위한 최소한의 노력을 해야만 한다. 일하는 공간의 훈, 사훈이라는 것은 의무교육을 받는 우리가 교훈을 받아들여야 하는 것과 마찬가지로, 일해야만 하는 우리 모두에게 의무적으로 와서 닿는다. 일하는 한 인간을 통제하는 언어들이 각 회사마다 존재하고 있다. 한 공간은 언어로서 그 문화와 제도가 구축되기 마련이고, 그것은 우리가 일하는 공간이라고 해서 예외가 아니다. 일하는 동안 김민섭 사원, 대리, 차장, 부장이 아닌 '나'라는 한 개인으로서 회사에 존재하기 위해서라도, 우리는 그 공간을 규정한 언어가 무엇인지 알아야 한다.

　이 장에서는 각 회사의 훈들을 찾아보려고 한다. 우리가 '좋은 기업', 소위 대기업이라고 부르는 그 회사들부터 최근에 설립된 젊은 회사들까지, 그들이 어떠한 언어로 그 구성원들을 통제하고 있는지를 살펴볼 것이다. 개인은 그 훈에 영합하는 동시에 끊임없이 거부하는 존재다. 일하는 개인이 어떻게 대리인간이 아닌 주체로서 자유로워질 수 있을지에 대해서도 제안하고 싶다.

1
우선, 대기업이란 무엇인가

 나는 대학원의 연구실 책상에서 청춘을 모두 보냈다. 친구들이 대학을 졸업하고 취업을 위한 자기소개서를 쓸 때 대학원 진학을 위한 학업계획서를 썼고, 그들이 입사해서 결재 서류를 올릴 때 논문 심사를 받았다. 그러고 보니 태어나서 단 한 번도 정규직으로 일해 본 기억이 없다. 대학의 시간강사는 초단기 근로자로 분류되는 비정규직이었고, 그와 병행한 맥도날드 물류 상하차 일 역시 아르바이트일 뿐이었다. 내가 강의한 Y대학교도 물론 회사라면 회사이겠으나, 그것으로 사회생활을 했다고 말하기에는 다소 민망하다.

 나는 학교라는 울타리를 벗어나본 일이 별로 없고, 기업의 생태계를 직접 경험해 보지 못했다. 경제학이나 사회학이 아닌 국문학(현대소설)을 전공한 나로서는 '회사'가 사실 미지의 공간이다. 그래서 몇 권의 책을 읽는다고 해서 당장 그 소양을 쌓을 수 있는 것도 아니고 무엇을 쓰려고 해도 결국 '아무 말 대잔치'가 되고 말 것이다. 사훈을 살피는 일은 내가 할 수 있을 것처럼 보였지만, 그것을 위해 무엇을 해야 할지도 사실 막막했다. 우선 대기업이란 무엇인가, 하는 질문에 답해야 했다. 삼성, LG, SK 등, 당장 내가 쓰고 있는 휴대폰이나 노트북을 만들거나, 아니면 통신 요금으로 한 달에 몇만 원씩 꼬박 가져가고 있는 몇몇 기업이 떠오르지만, 대기업과 일반기업을 나누는 기준을 알 수가 없었다.

모 지역의 인적자원개발위원회 사무국에서 일하는 친구 O에게 "대기업이 뭐지?" 하고 물으니, 그는 공정거래위원회의 자료를 나에게 건네주었다. 경제전문지나 경제연구소에서 발표하는 재계 순위도 있으나, 공정거래위원회에서 발표하는 '상호출자제한 기업집단 지정현황'을 참고하라는 것이었다. 기업을 분류하고 순위를 매기는 일은 이미 전문가들이나 정부 관계자들이 성실하게 해두고 있었다.

그에 따르면 공정거래위원회(이하 공정위)에서는 매년 '상호출자제한 기업집단'을 발표한다. 자산총액이 10조 원 이상인 기업집단으로, 이를 '대기업집단'이라고도 부른다. 2018년 5월을 기준으로 32개 기업이 지정되어 있다. 이들은 상호출자 금지, 순환출자 금지 등의 규제를 받는다. 원래는 자산총액 5조 원이 넘는 기업을 대상으로 했지만 2016년 9월 30일부터는 10조 원으로 조정되었다. 대신 공정위는 자산

회사의 흥

총액이 5조~10조 원에 이르는 기업들을 '준대기업집단'으로 지정해 관리하고 있는데, 이들은 2년 전이었다면 대기업으로 분류되는 것이다. 대기업집단과 준대기업집단을 모두 포함하면, 공정위에서 발표한 대한민국의 대기업은 공식적으로는 60개에 이른다. 이를 토대로 해서 '재계 서열'이 나뉜다.

이 글을 쓰기로 마음먹지 않았다면, 나로서는 평생 대기업이 어느 정도 규모의 기업을 의미하는지 알 수 없었을 것이다. 어차피 공개되어 있는 자료이기는 하지만, 그 집단을 자산총액의 순위대로 나열하면 다음과 같다.

삼성, 현대자동차, 에스케이, 엘지, 롯데, 포스코, 지에스, 한화, 농협, 현대중공업, 신세계, 케이티, 두산, 한진, 씨제이, 부영, 엘에스, 대림, 에쓰-오일, 미래에셋, 현대백화점, 영풍, 대우조선해양, 한국투자금융, 금호아시아나, 효성, 오씨아이, 케이티앤지, 케이씨씨, 교보생명보험, 코오롱, 하림, 대우건설, 중흥건설, 한국타이어, 태광, SM, 셀트리온, 카카오, 세아, 한라, 이랜드, DB, 호반건설, 동원, 현대산업개발, 태영, 아모레퍼시픽, 네이버, 동국제강, 메리츠금융, 넥슨, 삼천리, 한국지엠, 금호석유화학, 한진중공업, 넷마블, 하이트진로, 유진, 한솔.[15]

삼성이 재계 서열 1위에 있고, 그 뒤로 우리가 이름을 익히 아는 대기업들이 자리한다. 위의 이름들은 그대로 이 시대 욕망의 언어들일 것이다. 취업을 준비하는 청년들에게는 쟁취해야 할 대상이겠고, 그 부모들에게도 가문의 영광을 위한 가장 간편한 방식의 성취가 되겠다. 취업 시즌이 되면 취준생(취업준비생)들은 자격 요건이 되는 모든 기업에 입사지원서를 제출한다. 수십 개의 기업에 지원하는 것은 기본이고, 그중 몇 군데에서만 서류 합격 소식이 들려와도 'N승을 했다'고 기뻐한다. 그러나 1승도 제대로 거두지 못하고 시즌을 넘기게 되는 이들이 더욱 많다. 공무원, 공기업 직원, 교직원 등등, 새롭게 신의 직장에 이름을 올린 곳들도 있지만, 여전히 많은 사람들이 조금 더 재계 서열이 높은 회사, 대기업에 입사할 수 있기를 바란다.

그런데 나는 '대기업집단'에 지정되는 것이 회사 브랜드 이미지라든가 신용등급에 좋은 영향을 줄 것이라고 막연히 상상했다. 우리는 흔히 '대'라는 접두사에 '프리미엄'의 이미지를 덧씌운다. '대한민국'이라는 국가 이름에도 당당하게 '대'가 붙어 있고, '대단지 아파트', '백화점 대바겐세일' 등, 규모가 큰 것은 아름답다는 인식이 널리 퍼져 있다. 국가에서 공식적으로 대기업이라는 이름표를 붙여준다면 그것은 환영할 만한 일이겠다. 그러나 짧게나마 공부를 하다 보니 될 수

---

15 '공정거래위원회 상호출자제한 기업집단 발표자료'(2018. 5)를 참조.

회사의 훈

있으면 공정위와는 만나지 않는 것이 기업에게는 좋다. 위에서 언급했듯, 대기업이라는 이름표를 받고 나면 여러 가지 규제를 함께 받게 된다. 그에 더해 공정위는 국무총리 직속 기관으로, 독자적으로 기업에 과징금을 부여할 수 있는 막강한 권한이 있다. 이것이 제대로 작동한다면 해당 기업은 사업의 확장이라든가 경영권의 승계, 정확히는 상속에 많은 제약을 받게 된다. 어느 기업이든 공정위의 통제와 감시에서 벗어나기를 원할 것이다.

실제로 카카오는 2016년에 '로엔'을 인수하며 자산총액 5조 원을 넘겨 대기업집단으로 지정되었지만, 회사의 주가는 하락했다. 투자자들에게는 대기업이 되지 않는 편이 더욱 좋았던 것이다. 이 시기의 뉴스를 보면 "엎친 데 덮친 격"이라거나 "족쇄 찬 카카오"라는 선정적인 제목들이 많다. 같은 해 6월, 공정위가 대기업집단 지정 자산총액 기준을 10조 원으로 변경하면서 카카오는 잠시 붙였던 대기업이라는 이름표를 뗐다. 2018년에는 게임 회사 '넷마블'이 대기업집단으로 지정되었다. 이에 따라 "낡은 규제로 신사업 날개 꺾는다"는 식의 뉴스들이 다시 나오고 있어서, 그 자산총액 기준은 언젠가 다시 또 변동이 있을 것이다.

결국 대기업이라는 것은 그 시대의 정부가 자산총액의 규모에 따라 분류함으로써 바뀌는 것이다. 새롭게 편입되는 기업이 있고 탈락

하는 기업도 있다. 어쩌면 우리가 일상에서 반드시 비용을 지불해야만 숨 쉬고 살아갈 수 있게 구축된 모든 것들이 결국 대기업이겠다.

　그런데 공정위가 자산총액 기준을 어떻게 바꾸든, 그리고 대기업을 향한 규제를 축소하든 확대하든, 해당 기업이 품고 있는 저마다의 문화와 제도를 바꾸기란 어렵다. 기업의 언어를 바꾸는 데 관여할 수는 없기 때문이다. 대기업에 입사한 개인들은 보다 빠르게 그 조직의 언어에 동화된다. 그들은 취준생 시절에 가졌던 '간절함'의 크기에 비례해, 그 운영체제에 최적화되기 위한 노력을 시작한다. 이것은 마치 휴대폰의 업데이트 진행과도 같다. 회사의 언어가 가진 그 알고리즘들이 개인에게 동기화되기 시작한다. 그 과정에서 개인의 언어는 새롭게 재편된다. 자신에게 부여된 과제를 이해하고 성실히 수행함으로써, 다시 그 언어를 공고히 하는 데 기여한다. 예컨대 '출근'과 '퇴근'이라는 단어가 모든 회사에서 '9 to 6'인 것은 아니다. 그 숫자는 각 회사마다 다르다. 누군가는 9시에 출근해서 6시에 퇴근하지만, 누군가는 7시에 출근해서 12시에 퇴근한다. 야근이나 특근 수당이 지급되느냐에 따라 저마다 가진 시간의 가격도 다르다. 문을 열고 들어가 자신의 자리에 앉기까지 지문이나 카드키 인증을 거쳐야 출퇴근 시간이 입력되기도 하고, 상사보다 빨리 앉고 늦게 일어나는 것이 가장 정직한 출퇴근 도장이기도 하다. 우리가 아는 평범한 단어들도 각 회사가 개인에게 보내는 욕망의 크기와 통제의 방식에 따라 크게 달라지는 것이다. 개인은 그에 몸을 동기화시켜 가면서, 그 회사의 언어에 익숙해져 간다. 이는 자신에게 부여된 과제를 빠르게 이해하고 수행하는 것으로, 그 과정에서 자기 자신을 지워나가는 것으로 표면화된다.

이후의 글에서 대기업이 가져야 할 사회적 책임을 제시한다든가 그들이 어떻게 해야 더 많은 영업이익을 낼 수 있을 것이라고 제안하는 일은 없을 것이다. 그것은 내가 할 수 없는 일이고 해서도 안 되는 일이다. 다만, 공정위가 지정한 60개의 대기업/준대기업 집단을 대상으로 각 회사의 훈을 당신과 함께 살펴보려고 한다. 이것은 이 시대의 가장 간절한 욕망을 읽어내는 일이다. 경제학자나 사회학자가 아닌, 현대소설을 공부하다가 대학 바깥으로 나온 평범한 개인의 눈이, 여기에는 더 잘 어울릴 것이다.

2
'헌법'이 된 사훈

'사훈(社訓)'이라는 것은 사전적 정의에 따르면 "사원이 지켜야 할 회사의 방침"이다. 우리는 흔히 그 대표의 취향에 따라 고급스럽고 큰 액자에 궁서체의 한자로 표기된 '근면, 성실' 등의 단어를 떠올리게 되지만, 최근에는 그런 경향이 많이 줄었다. 특히 그것이 외부에 공개되는 일도 별로 없다. 공정위가 발표한 60개의 대기업/준대기업 집단 중 홈페이지에 사훈이라는 단어를 명시해 둔 경우는 영풍과 삼천리 두 곳뿐이다. 교훈이 각 학교 홈페이지의 '학교 상징'이나 '학교 소개' 항목에 소개되어 있던 것과는 다르다. 그러나 사훈이 소멸했다는 뜻은 물론 아니다. 정문이나 사무실에 걸려 있던 그 훈들은 이제 더욱 깊숙한 곳으로 모습을 감추거나 자신을 감싼 옷을 갈아입었다. 오히려 그 언어는 이전보다 더욱 세련된 방식으로 분화되었다. 홈페이지에서도 사훈은 이전과는 조금 다르게 나타난다. 하나의 단어나 문장이 아니라 조금 더 긴 수사로, 혹은 각 항목을 나누어 정확한 지침을 전달한다.

예컨대, 사훈이라는 단어는 나타나지 않더라도 그것이 '슬로건', '경영철학', '경영원칙' 등으로 분화되는 것이다. 이것은 시대의 변화에 각 회사들이 기민하게 반응한 결과가 되겠고, 특히 창업주가 일선에서 물러나고 그 2세나 3세가 경영에 참여한 경우에는 더욱 그 경향이 뚜렷하게 나타난다.[16] 롯데그룹은 창업주인 신격호가 만든 회사의 훈을 내리면서 '2018 비전'이라는 액자를 계열사마다 새롭게 걸었다. 재계에서는 이것을 신동빈 체제의 선언으로 바라보는 모양이다. 삼성경제연구소 인력개발원은 2009년에 '신지행 33훈'을 그룹의 임원들을 대상으로 교육했는데, 이것은 이건희 전 회장의 '지행 33훈'을 재해석한 것이다. 기사에는 '이재용 시대의 맞춤 행동 강령'이라는 표현이 등장한다. LG그룹은 이전에는 '인화'를 사용했지만 LG, GS, LS로 각각 분할되고 나서는 이 사훈을 사용하지 않는다고 한다. 한 공간을 새롭게 지배하게 된 이들은, 우선 그 공간의 언어를 자신에게 익숙한 것으로 바꾸는 작업을 반드시 하기 마련이다. 이전의 지배자와는 달라야 자신의 존재감을 확실히 알릴 수 있다고 믿는 것이다.

---

16 '삼성·롯데 그룹 사훈 바꿔, 바꿔', 〈주간경향〉, 2009년 4월 23일 참조.

다소 유치해 보이는 이 촌극은 사실 대기업뿐 아니라 작은 단위의 조직에서도 필연적으로 벌어진다. 내가 대학원생 조교로 학과 사무실에서 일할 때는 '조교장'이라는 관리직을 선발했는데, 그는 모든 조교의 업무를 관리하는 '막중한' 역할을 맡았다. 교수들은 그의 권위를 확보하는 것으로 학과를 보다 쉽게 통제해 나갔고 후배들은 그에 따라야 했다. 신임 조교장들은 저마다 이전 조교장과 다름을 선언하면서 '존중', '배려', '근무 엄수' 등등, 중요하다고 생각하는 훈들을 강조했다. 그에 더해 누군가는 '상황판'이라는 것을 직접 만들었다. 행정병 출신인 그는 모든 언어가 거기에 적혀 있어야 하고, 그것으로 모두가 효율적으로 통제될 수 있다고 믿었다.

2000년대 초반부터, 정확히는 각 회사에서 2세, 3세 경영이 본격화되기 시작한 무렵부터 훈이라는 개념도 분화하기 시작했다. 이전에는 딱히 규정되지 않고 사훈이라는 단어 아래에 머물던 것들이 이제는 제 이름을 찾았다. 그것들을 각 회사의 홈페이지에 나타난 그대로 나열하면 아래와 같다.

경영목표, 경영방침, 경영원칙, 경영이념, 경영전략, 경영정신, 경영철학, 공유가치, 기업문화, 기업정신, 미션, 방향과 과제, 비전, 소명, 슬로건, 인재상, 전략 방향, 조직문화, 창업정신, 핵심가치, 핵심목적, 행동원칙, BRAND IDENTITY, INITIATIVE.

회사의 훈

사훈은 고루함이나 진부함으로, 비전은 참신함이나 세련됨으로 흔히 인식된다. 그래서 훈은 시대의 변화에 따라 영어 단어나 철학, 전략, 정신 등의 단어로 분화되기 시작했다. 비전이나 인재상의 각 항목을 회사의 홈페이지에 명시해 두고 사무실에서도 눈높이에 맞는 작은 액자에 전시해 두는 일이 늘었다. 하나의 훈이 아닌 여러 개의 훈이 제시되고, 그것은 시대의 변화와 특히 일선 경영책임자의 의지에 따라 다변화된다. 그 과정에서 사훈이라는 기표는 거의 소멸해 가는 듯하다.

나는 언젠가 '한국○○공사'라는 이름의 공기업 독서모임에 초대를 받아 간 일이 있는데, 사훈이 무엇인지 묻자 주로 30대인 그들은 서로 눈치를 볼 뿐 아무도 대답하지 못했다. "없는 것 같아요." 하고 답하는 사람도 있을 만큼, 정말로 존재 자체를 모른다는 것이었다. 그러자 50대인 부장께서 정말로 드라마의 조연처럼 존재감을 드러내며 "아니, 이 사람들, 정말 아무도 모르나? 근면과 성실이잖아." 하고 말했다. 그러고는 자신이 입사할 때이니 아마도 산업화 시기에 만들어진 사훈일 텐데 아직도 이것이 남아 있어서 자신도 민망하다는 말을 덧붙였다. 사훈이라는 전통적인 방식의 훈은 이제 이전 세대에게만 주로 각인되어 있다. 만약 내가 "혹시 슬로건이나 비전, 인재상 같은 것이 있나요?" 하고 물었다면, 기억은 하지 못하더라도 모두가 그런 것이 있다고 답했을 것이다.

삼성의 각기 다른 계열사에 근무하는 J와 L에게 회사의 사훈을 알고 있는지, 무엇보다도 비전이나 경영방침과 같은 훈들이 회사 내부의 어디에 전시되어 있는지를 물었다. 그러면서 정문이라든가, 사무실의 가장 잘 보이는 자리라든가, 화장실 옆이라든가 하는 답을 기대했다. 그러나 그들의 답은 내 기대와는 많이 달랐다.

인터뷰 2

김민섭 혹시 삼성그룹의 사훈은 뭔가요? 홈페이지에서 찾아봐도 원래의 사훈이 무엇인지 잘 모르겠어요.

J(36세, 삼성그룹 계열사 8년차) 사훈은 그룹 공통의 것이 있는데 잘 모르겠어요. 다섯 가지 정도 되었던 것 같은데. 요즘은 슬로건이라고 해서 회사의 비전이나 방향을 제시하는 것을 많이 사용해요. 명목상 사우와 주주에게 동시에 비전을 제시하고자 만들어지는 것들이죠. 그런데 슬로건은 대표이사가 바뀔 때마다 달라진다고 봐야 해요. 말하자면 교훈은 바뀌지 않지만 담임교사가 바뀔 때마다 급훈이 바뀌는 것과 비슷하다고 해야겠네요.

L(36세, 삼성그룹 계열사 10년차) 저도 사훈은 잘 모르겠어요. 슬로건 같은 게 계속 바뀌기는 해요.

회사의 훈

김민섭 본 적도 없으세요?

J 아뇨, 신입사원 교육을 본사 차원에서 한 번 받았는데 그때 다 배우기는 해요. 그리고 취준생 시절에는 열심히 찾아보고 외웠죠. 지금은 다 잊었어요.

L 저는 본사 차원의 신입사원 교육에서 그룹의 사훈을 배우는 시간이 있었던 것 같고, 계열사 차원의 비전 교육을 한 번 더 받았어요. 그런데 저도 다 잊어서 기억은 안 나요.

김민섭 그러면 그룹의 사훈이나 계열사의 비전 같은 것을 회사에는 어떻게 전시해 두나요?

J 우리 사무실은 그런 게 없어요. 제가 신경을 안 쓰는지 몰라도 본 기억이 없네요.

L 우리는 2010년까지인가, 사무실 입구 근처 가장 잘 보이는 곳에 사훈 같은 것과 인재상을 전시해 두었어요. 그런데 그 이후에 언제인가 다 떼더라고요. 지금은 저희 계열사도 그런 게 전혀 없어요.

김민섭 왜 그럴까요?

L 잘 모르겠어요. 원래 사훈 같은 건 별로 신경 쓰지 않잖아요.

나 그룹의 사훈을 인터넷에서 찾아보니까 다섯 가지가 아니라 세 가지네요. '사업보국', '인재제일', '합리추구'라고 합니다.

J, L 아니에요. 다섯 가지인데, 정말 기억은 잘 안 나요. (웃음)

대기업에서 거의 10년을 근무한 J와 L은 사훈이라는 것에 별다른 관심이 없었다. 취업준비생일 때는 자기소개서라든가 면접에 활용해야 하니까 찾아서 외웠지만 그 이후에는 자연스럽게 잊어버렸다는 것이다. (인터넷에는 세 가지의 사훈이 나와 있지만 다섯 가지라던 J와 L의 기억이 더 정확했다. 삼성인력개발원에서 출간한 《삼성의 역사와 핵심가치》라는 책에 따르면 그 핵심가치는 '인재제일, 최고지향, 변화선도, 정도경영, 상생추구'로 정리되어 있다.) 그러나 그들뿐 아니라 회사에서 일하는 누구라도 거의 비슷하지 않을까 싶다. 우리는 회사의 훈을 잘 기억하지 못한다. 사실 그 존재 유무조차 모른다고 해도 별 문제가 없다.

그런데 개인들의 무관심과는 달리, 회사의 경영책임자들은 한 공간을 장악한 언어가 가진 위력을 이미 잘 알고 있다. 그들은 그것을 정확하게 파악하고 회사의 이익과 연결한다. 삼성과 같은 대기업이라면 더욱 그렇다. '삼성신경영실천위원회'에서 발간한 《삼성인의 용어

: 한 방향으로 가자》(1993)에서는 한 조직의 용어가 어떠한 의미를 갖는지를 다음과 같이 설명해 두었다.

한 조직의 용어를 통일하는 것은 그 구성원의 사고와 행동을 하나로 하는 데 매우 중요한 역할을 합니다. 그 조직이 추구하는 방향이나 가치관을 언어를 통해 서로 전달하기 때문입니다. 특히 기업의 용어 통일은 기업의 비전을 실현하는 데 필수적인 기능을 합니다. 회장께서도 기회 있을 때마다 용어 통일의 필요성을 강조하십니다. 구체적으로 첫째, 그룹의 용어를 명확히 통일하고, 둘째, 삼성 특유의 용어를 만들고, 셋째, 용어의 질을 한 차원 높이자는 특유의 용어論을 말씀하신 바 있습니다.

이 책자는 삼성이 21세기 세계 초일류기업을 실현하기 위해 전 삼성인의 사고와 행동을 한 방향으로 통일하는 데 필수적인 삼성용어의 해설집입니다. (……) 삼성인이면 누구나 이 용어 하나하나의 뜻을 알고 있어야 하고 일상적으로 사용할 수 있어야 합니다. 그렇게 되면, 신경영의 참뜻을 쉽게 이해할 수 있을 뿐만 아니라 의사소통이 빨라지고 단결력을 높이는 데도 큰 도움이 될 것입니다. 아무쪼록 이 용어집이 우리 모두를 한마음으로 만들고 한 방향으로 가게 하는 징검다리임을 마음에 새겨서 삼성인의 용어만 연결해도 대화가 될 수 있는 수준까지 일상 업무에 적극적으로 활용해 주시기 바랍니다.[17]

《삼성인의 용어》는 삼성그룹의 내부용 단행본이다. 이건희 회장이 소위 '신경영'을 시작했다고 하는 1993년에 발간되었고, 그 이후 증쇄를 거듭해 2009~2010년까지는 신입사원들에게 배부된 것으로 보인다. 1994년에 삼성 계열사에 입사한 K는 이 책을 연수원에서 받았으며 당시에 이원복 교수가 그 내용을 만화로 그려 배포했다고 정확히 기억하고 있었다. (이 글에서는 1998년에 삼성전자에 입사한 S가 신입사원 연수 시절 받아서 소장하고 있는 책을 참조했다.) 앞서 인터뷰한 J와 L은 신입사원 연수에서 이 책을 받지 못했다고 답했지만, L은 2010년에 입사한 자신의 1년 후임은 받았다고도 했다. K는 '김용철 사건'이 나오면서 신경영의 위세가 약해진 시점부터 책의 배포도 중단되지 않았을까 추측하기도 했으나, 정확한 사정은 알 수가 없다.

삼성의 경영자들은, 특히 당시 그룹의 총수였던 이건희 회장은 회사의 훈이 갖는 권력과 가치를 누구보다도 잘 알고 있었다. 그에 따르면 "구성원의 사고와 행동을 하나로 하는 데 중요한 역할"을 하는 것이다. '1) 용어를 명확히 통일할 것, 2) 삼성 특유의 용어를 만들 것, 3) 용어의 질을 높일 것'이라는 방침을 정했고, 그룹의 사원들을 '삼성인'이라고 호칭하면서 그 연결고리를 함께 사용할 언어에서 찾았

---

17 삼성신경영실천위원회, 《삼성인의 용어》(1993)의 서문을 참조.

회사의 훈

다. 책을 제공한 S는 신입사원 연수를 다녀오면 자신들끼리 "이제 우리는 '파란 물'이 들었다."고 말을 나눈다고 했는데, 그것은 삼성이라는 회사와 개인을 동일시하는 데까지 나아간다는 의미라고 했다. 그러니까 삼성의 언어로 자신의 인식과 세계를 재편하는 것이겠다.

1장에서 훈의 근거로 다룬 〈훈민정음〉이 백성들에게 나라의 훈을 제대로 전달하기 위해 창제된 것이라면, 이《삼성인의 용어》는 사원들에게 회사의 훈을 전달하기 위해 발간된 것으로 정리할 수 있다. 그러고 보면 삼성은 1992년에 '훈민정음'이라는 윈도우용 한글 워드프로세서를 자체적으로 개발한 일이 있다. 그때 삼성전자에서 만든 컴퓨터(매직스테이션)를 구매하면 그 프로그램이 기본 옵션으로 설치되어 있었다. 확장자가 'gul'이었던 그 프로그램은 '아래아한글'이나 'MS워드'의 점유율을 넘지 못하고 계열사 내부에서만 주로 사용하게 되었고, 2010년대 후반에 들어서는 그 계열사에서도 다른 워드프로그램을 사용하는 것을 권장하게 되었다고 한다. 그러나 그 성패와는 관계없이 1990년대 초반부터 이미 삼성은 언어의 생산과 유통에 대한 중요성을 알고 실천해 온 것이다.

《삼성인의 용어》에서 가장 눈길이 가는 에피소드는 '삼성헌법'이다. 그 일부를 인용하면 다음과 같다.

인간미·도덕성·예의범설·에티켓은 삼성인이 모두 반드시 지켜야 할 우리끼리의 약속이자 「삼성헌법」입니다. (……) 이제 우리는 모든 행동의 바탕을 「삼성헌법」에 두고 이를 소중히 지켜감으로써, 역사와 지역을 초월해서 인류에게 도움이 되는 진정한 의미의 세계 초일류기업이 되어야 합니다.[18]

헌법은 한 국가의 최상위법이고 정부로서는 반드시 수호해야 할 가치다. 그것이 흔들리면 국가의 운영체계가 무너지게 된다. 대한민국의 대통령부터 헌법을 수호할 책무를 지는 존재로서 임명장을 받는다. 박근혜의 파면 이유도 그에게 헌법 수호의 의지가 없다는 데 있었다. 그런데 삼성은 하나의 국가가 되고 싶은지도 모르겠다. 회사의 여러 훈을 '삼성헌법'으로 명명하고, '삼성인'들에게 모든 행동의 바탕을 여기에 둘 것을 주문하고 있다. 비유라고는 해도 헌법이라는 무거운 단어를 회사의 이름 뒤에 붙일 수 있는 것은 대단한 일이다. 삼성뿐 아니라 모든 회사는 하나의 국가로서 그 국민인 사원들을 언제든 동원할 수 있고, 처벌할 수 있고, 추방할 수도 있다.

한 회사의 훈은 그 구성원들에게 국가의 헌법보다도 오히려 가까

---

18 앞의 책, 37쪽, '삼성헌법'을 참조.

회사의 훈

운 것으로 가서 닿는다. 국가는 한 개인의 삶에 천천히 간접적으로 다가가지만, 회사는 한 개인과 그 가족의 삶에 당장 직접적인 영향을 미친다. 해고 노동자의 삶이 얼마나 가혹한지는 주변의 여러 사례가 증명하는 것이고, 김승섭 교수는 《아픔이 길이 되려면》(2017)이라는 문제적인 저작을 통해 그들의 삶을 조명한 바 있다. 그에 따르면 쌍용자동차 해고 노동자의 외상후 스트레스 장애는 걸프전 참전 군인의 유병률보다도 훨씬 높다. 회사에서 입은 사회적 상처는 결국 우리의 몸을 병들게 하고 만다.

우리는 대한민국의 헌법을 궁금해하기 이전에 일상 공간의 헌법이 무엇인지를 먼저 뒤돌아보아야 한다. 회사를 비롯해 개인에게 국가보다 더욱 권력을 가진 실체로 존재하는 공간이 있고, 거기에서 제시하는 훈은 마치 헌법과도 같은 위상을 가진다. 법보다 가까운 법이, 있는 법이다. 사훈은 이제 이전처럼 눈이 닿는 곳에 항상 붙어 있는 것은 아니지만, 은폐된 동시에 적나라하게 드러나 존재하고 있다. 마치 헌법이라는 것이 그렇듯, 여전히 우리의 가장 가까운 곳에서 살아 숨쉬고 있다.

3
고객의 만족, 그리고 도전적인 회사원

회사의 훈에는 두 대상이 등장한다. 하나는 '의인화된 회사'이고, 다른 하나는 '그에 복무하는 개인'이다. J는 슬로건이 회사의 비전이나 방향을 제시한다고 말했는데, 회사는 그에 따라 하나의 유기체처럼 사명을 부여받는 존재가 된다. 혁신, 열정, 사람, 연결 등 의도적으로 덧입은 그 단어나 문장은 회사를 상징하는 브랜드 이미지다. 어느 회사든 그것이 훼손되기를 원치 않기에 그 관리에 최선을 다한다. 개인은 그 사명을 이루기 위해 복무하는 존재로서, 유기체의 각 조직과 같은 역할을 해낼 것을 요구받는다. 그래서 그들에게는 인재상이라는 훈이 제시된다.

먼저 비전, 슬로건, 경영목표, 기업정신 등, 회사를 대상으로 한 훈을 살펴보면 다음과 같다. 각 단어의 빈도에 따라 그 크기는 다르게 표시되었다.

회사의 비전, 슬로건, 경영목표 등

위의 그림에서 두드러지게 나타나는 단어는 '고객'이다. 회사는 소비자(고객)를 대상으로 최대의 이익을 추구해야 하는 조직이기에 역시 그 단어가 전면에 드러난다. 사훈에 활용된 사례 몇 가지를 제시하자면 아래와 같다.

삼성 : 고객만족을 경영활동 우선적 가치로(경영원칙)

현대자동차 : 고객최우선(경영철학), 고객가치(지속 가능 경영 중점 사항)

에스케이 : 지속적 고객만족(경영철학)

엘지 : 고객을 위한 가치창조(경영이념)

지에스 : 고객과 함께 내일을 꿈꾸며(경영이념), 고객만족(공유가치)

대림 : 고객신뢰(경영원칙)

미래에셋 : 고객을 위해 존재(핵심가치)

한국투자금융 : 고객에게 기쁨을(경영이념)

한국타이어 : 고객에게 가치와 즐거움을 제공(비전)

　회사에게 고객은 언제나 '만족'시켜야 하고 '기쁨'과 '즐거움'과 '가치'를 제공해야 하는 대상이다. 그래서 고객을 둘러싼 여러 단어들 역시 그에 수식되거나 그와 어울려서만 의미를 획득하게 된다. 고객의 만족이 회사의 만족이고, 고객의 기쁨이 회사의 기쁨이고, 고객에게 가치를 제공할 때만 회사는 가치를 지니는 셈이다. 이러한 고객 중심의 훈은 내부의 직원들에게 전달되고, 그들의 언어와 몸짓을 통해 고객에게 가서 닿는다. 지금은 찾아보기 힘들지만 10년 전만 해도 '고객은 왕입니다'라든가 '고객이 항상 옳습니다' 하는 문구가 대형마트의 현수막에 적혀 있기도 했다. 그러나 그 훈은 모두가 아는 역효과를 낳았다. 자신을 정말 왕으로 인식한 소비자들이 생긴 것이다. 그들은 상식을 벗어난 무리한 요구를 하기에 이르렀고, 소비자라는 단어의 위상이 그 어느 때보다 높아지게 되었다. 기업은 소비자와 판매자 사이에 위계 관계를 부여하고 정작 자신은 몸을 숨겼다. 왕이 된 소비자를 응대해야 하는 것은 현장의 사원들이었고, 그로 인한 감정과 육체의 소진 역시 그들이 짊어져야 했다. '갑질'이라는 신조어와 '감정 노동'이라는 용어가 등장한 것도 이와 무관하지 않다. 회사는 그 과정에서 발생한 영업이익만을 꼬박 챙겨갔다.

사실 '고객'이라는 단어부터가 소비자의 최상급 높임말로 변질되었고, 그 자체로 우리 시대의 천박함을 드러내는 하나의 훈이 되었다. 우리는 흔히 고객의 '고'가 '높다[高]'는 한자어로서 손님(객)을 높인다고 믿기도 하지만, 의외로 '돌아보다[顧]'를 사용한다. 그러한 일반적인 의미와 함께 '방문하다'라는 의미도 있다. 그러니까, '—에 방문한 손님'이 되는 것이다. 사전적으로는 '단골손님' 정도로 정의되어 있다. 국립국어원은 고객의 어원에 대한 질문에 "일본어의 영향을 받은 한자어로 알려져 있으나, 이 말의 구체적인 어원과 관련된 근거 자료는 찾기 어렵습니다."라고 공식적으로 답하고 있다. 한문학 연구를 하는 주변의 모 선생께 여쭈니 자신도 확신할 수는 없지만 굳이 풀이해 보면 "물리적인 실체를 나타내는 단어로 보인다. 그러니까 시선을 준다는 의미인데, 일하다가도 돌아보는, 눈길을 주어야 하는 손님으로 해석하면 될 것 같다."고 했다.

원래는 순우리말인 '손'을 높여 '손님'이라고 했고, 이것이 주로 사용되었다. 〈동아일보〉 '뉴스 라이브러리'에 나온 두 단어의 사용 빈도를 참조하면, 1920년대부터 손님과 고객이라는 단어는 겸용되었다. 1920년대를 기준으로 손님은 연간 60~260여 회, 고객은 30~60여 회가량 나타난다. 그 차이는 별로 줄어들지 않다가 1980년대부터는 거의 동률을 이루고, 1999년에 이르면 손님은 2336건, 고객은 1만 3338건으로 완전히 그 빈도가 역전되기에 이른다. 고도성장기를 지나면서 고객이라는 단어는 기업으로부터 선택되어 완전히 우리 곁에 자리 잡았다. 고객은 이미 소비자의 높임말이지만 현장에서는 '님'을 붙여 고객님으로 부르는 문법 파괴를 이루어냈다. 나는 '고객'이라는 단어의 어원이 어떠하든, 그리고 그 문법이 맞는 것이든 틀린 것이든, 그 수용자가 자신을 높여 부르는 것으로 오해하지 않았다면 굳이 사용되지 않았을 단어였다고 믿는다. 소비자를 현혹시켜 더 많은 매출을 올리고자 하는 회사의 욕망이, 소비자를 왕으로 격상시키는 왜곡된 위계 관계를 만들어낸 것이다.

'고객/고객님'이라는 단어는 우리 시대가 만들어낸 잘못된 훈이다. 단어 자체에는 문제가 없더라도 거기에 시대의 욕망이 덧씌워지고 나면 한 시대를 망가뜨리는 데 일조하게 되고 만다.

고객이라는 훈을 전면에 내세운 회사는, 그것을 수행할 일하는 개인들에게 새로운 훈을 부여한다. 다음의 그림은 각 회사에서 제시한 '인재상'을 나타낸 것이다. 각 단어의 빈도에 따라 그 크기가 다르게 표시되었다.

회사가 '고객만족'이라는 훈을 달성하기 위해 개인(회사원)들에게 보내는 훈은 우선 '도전'이고, 그 외에도 '열정', '창조(창의)', '적극' 등이 있다. 회사가 아니더라도 전 사회적으로 꾸준히 강조되어 온 익

회사의 인재상

숙한 단어들이다. 회사는 도전적이고 열정적이고 창조적이고 적극적인 개인을 원한다.

그런데 이것은 개인의 욕망을 지워내기 위해 이 시대가 선택한 훈들이기도 하다. 이른바 이 '노오-력'의 서사는 개인의 행복하고자 하는 욕망, 개인이 자신의 삶을 스스로 결정하고자 하는 욕망, 개인이 하나의 주체로 서고자 하는 욕망을 끊임없이 집어삼켜 왔다. (노력이라는 단어도 위의 그림 안에 작게 자리 잡고 있다.) 더 노력해야 한다, 더 도전해야 한다, 더 열정을 보여야 한다, 하는 말들은 개인에게 자신의 삶을 가꿀 여유를 허락하지 않는다. 노력하지 않으면 안 되는 시대가 되었으나, 그 노력이라는 것은 사회적일 때만 비로소 인정받을 수 있다. 개인의 소질이나 취미 계발은 쓸데없는 것으로 치부된다. 타인과의 사회적 경쟁에 나설 때, 자신이 속한 조직의 이익을 위해 복무할 때, 사회적 성취를 거둔 개인이 계발에 나설 때, 그는 노력하는 개인이 된다. 청년들은 이 구조적 문제를 희화화하면서도 우선은 생존을 위해 영합할 수밖에 없게 되었다.

사실 훈이라는 것의 전형이 대개 그렇지만 노력, 도전, 열정과 같은 듣기 좋은 단어들은 아주 모호하다. 그래서 그 공백마다 시대의 욕망이 스며들게 된다. 그렇게 무장된 단어들은 오히려 내규, 수칙, 방침 등, 구체적인 제도의 언어에 우선할 만큼 힘이 세다. 정해진 시간보다 일찍 출근하고 늦게 퇴근하는 것은 노력으로, 그러면서 근로기준법이나 계약서에 명시된 추가근무수당을 요구하지 않는 것은 열정으로, 무리한 목표를 설정하는 것은 도전으로 각각 개인에게 강요된다. 말하자면, 이것이 결국 모든 언어에 앞서는 헌법인 셈이다. 일과 삶이 분리되지 않을 만큼의 '노오-력', '도오-전', '여얼-정', 이처럼 현장의 개인은 단어가 가진 모호함의 크기만큼 소모되고 만다.

'회사의 비전'과 '회사의 인재상'에서 각각 다르게 표시된 '고객'과 '도전'이라는 두 단어를 기억할 필요가 있다. 물론 이 욕망은 해석하기 나름이다. 누군가는 고객만족을 위한 도전이 이 회사들에게 오늘의 영광을 선사했다고도 할 수 있겠다. 그러나 나는 이러한 훈들이 이

사회를 천박하게 만들고, 우리를 자본의 대리인간으로 만들고, 무엇
보다도 주변을 더욱 천박하게 만들고 있다고 믿는다.

4
창업주의 혼을 책임지는 '을'들

〈경향신문〉에 '북카페가 된 대형서점들'이라는 칼럼을 쓴 일이 있다. 서점이 '책을 구매하는 공간'이라기보다는 '책을 읽는 공간'으로 변했다는 내용의 글이었다. 교보문고를 비롯해 영풍문고, 반디앤루니스 등 대형서점들은 이제 매장 내에서 음료를 팔고, 테이블과 의자를 곳곳에 두고, 공부를 할 만한 공간까지 제공한다. 사람들은 편안하게 앉아서 음료를 마시면서 구매하지 않은, 그리고 구매하지 않을 책을 읽는다.

어린 시절, 1990년대에 아버지의 손을 잡고 찾은 광화문 교보문고는 참 거대했다. 온 세상 책이 모여 있는 공간처럼도 보였고, 사실 오랫동안 그렇게 믿었다. 실제로 아버지는 "여기에 없는 책은 대한민국에 없는 거야." 하고 말했다. 서울 신촌에서 고등학교를 다닌 나는 그 이후로 광화문 교보문고에 자주 갔다. 거기에서 책을 읽으며 친구들을 기다리기도 했고, 괜히 아침부터 가서는 책 몇 권을 다 읽어내기도 했다. 그렇게 시간을 보내고 나면 고등학생이었던 2000년대 초반의 김민섭은 괜히 뿌듯한 심정이 되기도 했다. 나를 닮은 사람들이 매대 앞에 서서, 혹은 되는 대로 주저앉아서 책을 읽어나갔다. 좁은 서가 사이를 지나면서는 그들과 어깨를 부딪치지 않게, 발이 등을 건드리지 않게, 조심스럽게 걸어야 했다.

교보문고의 창업주는 대산 신용호 선생이다. 보험업으로 성공한 그는 서울의 심장이라고 할 수 있을 종로 1번지의 넓은 땅에 지하상가가 아닌 대형서점을 입점하고 직접 운영했다. 지금도 대한민국 서점의 상징처럼 여겨지고 있는 교보문고 광화문 지점이 그것이다. 1980년 당시에도 돈이 되는 쇼핑몰을 입점해야 한다는 의견이 주를 이루었으나, 그는 그때나 지금이나 별로 돈이 되지 않는 서점을 열었다. 여기에는 책을 곁에 두고 살아가야 할 우리 모두가 빚을 진 것이다. 그런데, 교보문고의 창업주 정신이라는 것이 온라인에서 화제가 된 일이 있다. 누구나 와서 책을 읽어도 좋은 공간이 된 교보문고의 운영방침을 정리해 둔 것이다. '교보문고 창업주 정신'이라는 키워드로 검색하면 쉽게 찾을 수 있다. 그 내용은 아래와 같다.

1. 모든 고객에게 친절하고 초등학생에게도 반드시 존댓말을 쓸 것
2. 책을 한곳에 오래 서서 읽는 것을 절대 말리지 말고 그냥 둘 것

3. 책을 이것저것 빼 보기만 하고 사지 않더라도 눈총을 주지 말 것

4. 책을 앉아서 노트에 베끼더라도 말리지 말고 그냥 둘 것

5. 책을 훔쳐 가더라도 도둑 취급하여 절대 망신 주지 말고 남의 눈에 띄지 않는 곳으로 가서 좋은 말로 타이를 것

위의 창업주 정신만 보아도 신용호 선생의 인품을 짐작할 만하다. 눈여겨볼 부분은 2, 3, 4항목이다. 책을 서서 오래 읽어도, 책을 사지 않더라도, 책의 내용을 베끼더라도 관여하지 말 것을 명시해 두었다. 교보문고는 1980년에 문을 열면서부터 지금과 같은 개가형 방식을 선택했다. 그 이전까지 서점은 신문의 신간 광고를 보고 찾아가서 책을 받는, 구매만 하고 떠나야 하는 공간이었다. 교보문고는 그 시작부터 지금에 이르기까지 창업주의 훈을 충실히 따르고 있는 셈이다.

그런데 교보문고나 대산신용호기념사업회의 홈페이지에서도 창업주의 훈이라고 할 수 있을 위의 운영방침은 찾아볼 수가 없다. 온라인에 흔히 퍼진 확인되지 않은 미담일 수도 있는 것이다. 기념사업회 측에 공식적인 답변을 요청하자, 담당자는 무척 친절하게 답해 주었다. 홈페이지에 명시되어 있지는 않지만 그 운영방침은 교보문고의 창업주 정신으로 실재하고 있으며, 온라인에 퍼진 것은 아마도 누군가가 단행본의 내용을 옮기면서부터인 것 같다는 것이었다.[19] 그는 기념사업회에서 보관하고 있는《길은 언제나 어디에나 있다 : 만화로 보

는 大山 신용호 선생 이야기》의 해당 부분을 스캔해서 보내주겠다고, 내가 요청하지 않았는데도 무척 정중하고 다정하게 제안해 주었다. 2014년 1월에 교보생명 홍보팀에서 비매품으로 출간한 것이라고 한다. 이 책을 쓰는 동안 여러 사람의 후의를 입었지만, 그는 그중에서도 가장 친절한 사람이다.

기념사업회에서 보내준 스캔본을 참조하면, 신용호 선생은 직원들에게 그 운영방침에 대해 직접 설명했다. 직원들이 당황스러워하자 그는 "이익이 최선이 아닙니다. 즐겁게 웃으며 손님을 맞이하면 교보문고도 더 좋아질 겁니다." 하고 답했다. 교보문고의 창업주 정신은 실재하는 것이었다. 신용호 선생은 2003년에 작고했지만, 그 이후에도 교보문고는 그의 훈을 확장시켜 나간다. 2015년에는 광화문점을 리뉴얼하며 매장 중심부에 100여 명이 앉을 수 있는 원목 소나무 책상을 설치했다. 5만 년 된 카우리 소나무의 원형을 최대한 살려서 만들었다고 한다. 교보문고의 발표에 따르면 리뉴얼 이전인 2015년 7월 보유 종수는 26만 5380권, 보유 권수는 53만 1993권이었지만, 리뉴얼 이후 2017년 12월 보유 종수 19만 1859권, 보유 권수 38만 7351권으로 줄었다. 책이 사라진 자리를 채운 것은 사람들이다.

---

19 《길은 언제나 어디에나 있다 : 만화로 보는 大山 신용호 선생 이야기》.

인터뷰 3

김민섭 온라인에서 교보문고의 창업주 정신이라는 것이 화제가 된 일이
있는데요, 교보생명 홍보팀에서 출간한 단행본에 이것이 나와 있더라고
요. 혹시 현장의 직원들도 이것을 공유하고 있는지 궁금해요.

K(교보문고 직원) 직원들도 그 내용은 아주 잘 알고 있어요. 내부적으로도
자주 이야기하고 있고, 특히 매장에서 근무하시는 분들은 창립자가 원
한 그 취지를 다 이해하고 있고요.

J(교보문고 직원) 저희는 사실 인터넷에 퍼지고 나서 그 5대 지침(창업주 정
신)이라는 것을 알았어요. 한참 찾아봤고요. 작가님처럼 책에서 찾아보
고 알게 되었죠.

김민섭 그러면 그것이 정식으로 문서화되어서 공유되고 있는 건가요, 어
떤가요?

K 네, 서류로 공유한 적도 있고요. 우리가 매년 한 번씩 비전을 정하기
위해 이야기를 할 때마다 그 내용은 항상 포함이 돼요. 일종의 방향성을
잡기 위해서 그렇게 하는 것이죠. 최근에 새로 만든 비전은 "고객의 정
신적 에너지를 채우기 위해 노력해야 한다. 그런 마음으로 일해야 한다."

회사의 혼

하는 것이에요. 이건 제가 문서를 확인하고 따로 보내드릴게요. (아래의 Vision2020을 참조)

J (저는 문서화된 것을 본 일은 없지만) 이것을 반드시 지켜야 한다고 교육을 한다거나 하는 상황은 없었어요. 다만 그런 창업주 정신은 공유하고 있는 것이고, 운영에 자연스럽게 녹아 있는 것 같아요. 그런데 '책을 베끼더라도 말리지 말고 그냥 둘 것'이라는 지침은 당시만 해도 저작권 개념이 거의 없었으니까 가능한 거예요. 지금은 사진을 찍는 분들이 많은데, 저희가 책을 쓰는 저자분들의 입장에서 그 저작의 권리를 대변해서 사진을 찍으시면 안 된다고 안내를 해드리고 있어요. 그런데 그게 지침이 있어서 외우는 것이 아니라 자연스럽게 그런 방향으로 운영되고 있는 것이죠.

* Vision2020 선언문 우리의 사명은 모든 사람이 지혜, 지식, 용기 등 정신적 에너지의 충전을 통해 소중한 꿈을 이루어나갈 수 있도록 도와드리는 것입니다. 이를 위해 우리는 우선 고객 관점에서 생각하고 행동하며 정직, 성실한 자세로 성과 책임을 다하고, 항상 새롭게 시도하고 실패해도 다시 도전합니다.

교보문고의 직원인 J와 K는 화제가 된 창업주 정신에 대해 들어보았다고 하면서도, 각자의 부서에 따른 온도 차이를 보였다. J는 인터넷에 퍼지고 나서 단행본을 통해 접했다고 하고, K는 서류로 공유해서 이미 알고 있는 내용이라고 했다. 그러나 그 취지를 이해하고 있으며 그 정신이 운영에 자연스럽게 녹아 있다는 데는 의견을 같이했다. 덕분에 서점은 이전보다 열린 공간이 되었고, 더욱 많은 사람들이 찾는 복합문화공간으로서 확장되고 있다.

그런데 나는 〈경향신문〉에 '북카페가 된 대형서점들'이라는 글을 쓰며, 한 가지 문제에 대해 지적했다. 그 과정에서 필연적으로 이전보다 많은 책의 파손이 일어날 수밖에 없는데 그 파손 비용을 어디에서 부담하는가, 하는 것이었다.

사실 책이라는 물건은 무척 번거롭고 까다로운 것이다. 책장을 넘기는 순간부터 중고품이 되고 티가 나기 마련이다. 아무리 조심스럽게 본다고 해도 페이지 사이가 들뜨고 숨이 죽는다. 그런 책을 구매할 사람은 딱 두 부류, 저자와 출판사 편집자뿐이다. 내가 일부러 지저분한 것을 고른다고 하자 모 1인 출판사 대표 T는 "저도 그래요. 그런 책은 여기 사람들 사이에서만 도는 거죠, 뭐……." 하고 한숨을 쉬었다. 그 외에는 누구도 찾지 않을 이 책들은 수거되어 출판사로 반품되고, 모두 폐기 처리된다. 몇몇 대형서점들은 책이 입고된 시점에서 책에 고유의 도장을 찍는다. 출판사는 그렇게 낙인이 찍혀 돌아온 책을 다시 그대로 출고시킬 수가 없다. 그러면 그 책은 '찌그러진 차 펴

드립니다' 하는 것처럼 '책에 새겨진 도장 지워드립니다' 하는 업체에 보내진다. T는 자신이 출판사 직원으로 일하던 시절에는, 그 도장을 사포로 갈아내는 미세한 작업을 자주 했다고 말했다. 거기에 동원된, 책을 만든 사람의 마음이야, 말해 무엇하겠나 싶다. 파손 때문이든 낙인 때문이든, 대형서점에서 반품된 책은 온전하지 않은 경우가 많다고 한다.

많은 사람들이 그런 책이 헌책방이라든가 기부라든가 하는 절차를 거쳐 어떻게든 활용된다고 믿는다. 그러나 출판사들은 직접 비용을 들여 폐기하거나 번거로운 재생 절차를 거친다. 도서정가제 시행 이후 모든 책은 정가의 10퍼센트보다 저렴하게 판매할 수 없게 되었고, 파손된 책보다 상태가 좋은 중고책을 알라딘과 예스24 등 대규모 헌책방에서 훨씬 싸게 팔고 있다. 폐기하는 데도 비용이 들지만 그것 외엔 별다른 방법이 없는 것이다. 대형 출판사에게는 별 문제가 안 되겠지만 소규모 출판사에게는 생존의 문제가 된다. 각 출판사의 창고에 쌓인 '재생 불가 도서'만 모아도 웬만한 도서관 몇 개를 만들 수 있을 것이다.

최근 대형서점들의 변화는 서점을 이용하는 유동인구가 많아진다는 점에서는 긍정적이지만, 늘어난 책의 파손 비용을 출판사가 모두 부담하게 된다면 문제가 있다. 결국 창업주의 훈을 지키는 데 여러 출판사가 동원되고 있는 모양새인 것이다.

인터뷰 4

김민섭 서점에서 책의 파손이 실제로 많이 일어나고 있을까요?

J(교보문고 직원) 파손이 있느냐 없느냐, 여기에 대해서는 누구도 말을 쉽게 할 수는 없어요. 이전에도 독자들에게 오픈한 공간이었고, 훼손에 대한 부분은 서점과 출판사가 함께 감내해야 할 부분입니다. 사실 작가님이 쓴 ('북카페가 된 대형서점들'이라는) 칼럼을 저도 읽었는데요, 작가님께서도 어린 시절 서점에 서서 책을 많이 읽으셨다고요.

김민섭 네, 고등학생 때 특히 많이 그렇게 했지요.

J 1980년에 광화문점을 개가형으로 열면서 독자들이 책을 오픈해서 내용을 확인하고 사갈 수 있게 한 것으로 알고 있어요. 저도 그 이전의 서점을 직접 경험해 본 것은 아니지만 기록에도 남아 있듯이 원래는 사람들이 서점에 찾아가서 '책을 주세요' 하면 그것을 내주는 형태였다가, 이때부터 개가형으로 바뀐 것이죠. 그 시점부터 책이 훼손될 만한 위험이 생긴 거예요.

김민섭 최근 교보문고에서는 독자들을 위한 테이블과 의자를 더 늘렸더라고요.

J 네, 예전에 테이블이 있기 전의 환경은 어땠나요. 책을 바닥에 앉아서 봤잖아요. 그러면서 책을 바닥에 몇 권씩 쌓아두기도 했고요. 그런데 이제는 테이블이 있으니까 매장 곳곳에 있던 분들이 거기 한곳에 모여서 책을 읽게 되는 거죠. 사실 저희가 테이블로 인해서 책의 훼손이 더 심해졌다고 평가하지는 않습니다. 그리고 책이 훼손됐다고 해서 그 사유로 반품을 시키는 일도 없습니다.

김민섭 출판사에서는 훼손된 책들이 반품이 된다는 입장이던데요.

J 출판사와의 거래는 크게 매절과 위탁으로 나뉘어요. 위탁은 출판사의 책을 매장에 진열해 두고 판매가 되면 지급을 하는 방식이고요, 매절은 일괄적으로 저희가 사오는 겁니다. 여러 방식이 있지만 일반적인 두 건의 관행에 대해 말씀드린 거예요. 통상적으로 위탁 방식일 때 팔리지 않은 책을 출판사로 돌려보내는 일은 있어요. 하지만 책이 훼손되었다는 이유로 반품하지는 않습니다. 책이 심하게 훼손되었다면 견본으로 빼기도 하고, 더 훼손이 되면 저희도 (비용을 들여서) 폐기 처분을 합니다. 그리고 위탁으로 들어오는 책은 많지 않아요. 통상적으로 여러 권의 책을 들여놓을 때면 매절로 하고, 위탁은 권수가 많지 않으니까 매장별로 한

두 권을 들여놓습니다. 그러면 그 책들은 대개 (매대가 아닌) 서가에 꽂혀 있게 될 텐데 그 책도 꺼내서 읽는 사람이 있을 것이고 훼손이 될 수도 있으니, 그 책이 반품될 때 훼손되어 있을 가능성도 있는 것이죠. 물론 출판사가 주장하는 대로 책이 훼손되어서 판매되지 않았을 수도 있겠고, 그 부분까지 아니라고 하는 건 아니에요. 그렇지만 그건 책을 노출시킨 개가형 서점 방식을 선택한 이상 출판사와 서점이 함께 안고 가야할 리스크라고 저는 생각해요. 그것마저 부당하고 테이블 때문이라고 생각하시면…….

김민섭 네, J 선생님, 저는 서점에서 일하는 분들의 목소리도 들어봐야겠다고 생각했어요. 고맙습니다.

J 교보문고의 창업주 정신에 대해서 (인터뷰 3에서) 말씀하셨잖아요. 그 정신은 저희가 이어나가야 한다고 생각해요. 다만 시대가 바뀌면서 저희도 적절히 바꾸어나가야 할 요소들이 있지 않은가, 하는 거예요. 테이블을 설치하는 것도 그렇고, 그런 것들이 독자들이 일부러 서점을 더 찾게 만드는 요소들이기도 하거든요.

J와의 인터뷰를 마치고, 나는 한동안 마음이 정리되지 않았다. 출판사와 서점의 입장이 모두 이해가 되었기 때문이다. 나는 사실 "잘 모르겠다……"라는 한 줄을 적고는 이 인터뷰 파일을 한동안 열지 않았

다. J뿐 아니라 '북카페가 된 대형서점들'이라는 글을 읽은 서점의 직원들은 나에게 하고 싶은 말이 많았을 것이고, 누군가는 상처를 받았을 수도 있겠다. 그들에게 몹시 미안했다.

　신용호 선생의 창업주 정신은 교보문고라는 한 공간을 통해 40년 가까이 면면히 이어져 오고 있다. 그의 작고 이후에도 그 훈을 지켜낸 모두는 존중받을 자격이 있다. 서점의 직원들뿐 아니라 양질의 책을 공급한 출판사 관계자와 작가들, 무엇보다도 그에 꾸준히 호응한 독자들이 있어서 가능한 일이었겠다. 그러는 동안 서점이 가진 위상도 변했다. 우리가 흔히 사양산업으로 알고 있는 서점은 이제 '대접받는 몸'이 되었다. 번화가에 자리 잡은 브랜드 대형서점은 그 거리의 상권 전체에 활력을 불어넣는다. 합정역의 랜드마크가 된 '딜라이트 스퀘어'의 경우 2015년 상가 분양에 거의 실패했지만 교보문고가 지하 2층 상가 전체를 임대하면서 사정이 달라졌다. 그 직후 257개 점포 중 총 204개실의 입점이 완료되었다. 서점들은 이제 자신의 몸을 점점 확장해 가고 있다. 교보문고는 2015년부터 2017년까지 26개 매장을 추가로 열어 전국에 40개 매장을 가지게 되었고, 영풍문고도 오프라인 매장을 계속 늘리고 있다. 이 시기에 늘어난 대형서점만 50개가 넘는다. 사람들은 서점에 모여서 간편하게 문화의 세례를 받고는 인근의 상가로 흩어져 소비를 시작한다. 문화 그 자체는 여전히 큰 매력이 없지만, 적어도 사람들을 모으고 다시 흩뿌리는 역할을 하게 된 것이다. 책보다도 서점 그 자체가 중요한 시대가 되었다. J의 말처럼, 그 과정에서 일어나는 책의 훼손은 서점과 출판사가 "함께 안고 가야 할 리스크"인지도 모르겠다.

나는 교보문고뿐 아니라 여러 대형서점들이 지금처럼 여러 수단을 동원해 보다 많은 독자들을 끌어들일 수 있으면 한다. 그 과정에서 단행본 매출과 함께 임대 수익이 올라 서점의 가치가 재평가되는 것은 좋은 일이다. 다만 그 과정에서, J가 말했듯, 그 비용도 수익도 서점과 출판사가 지금보다 더욱 함께 감내할 수 있으면 한다. 책도, 책을 만드는 이들도, 서점의 높아진 위상만큼이나 더욱 소중히 대접받을 수 있어야 한다.

그에 더해, 훈을 지키는 역할을 직원들에게만 맡겨두어서는 안 된다. 여기에는 개인도 참여해야 한다. 진열된 책이 구겨지지 않게 조심스럽게 열람한다든지, 매장 내 카페에는 책을 구입해서 가지고 들어간다든지, 아이들에게 과자를 먹으며 책을 보지 않게 한다든지 하는 노력이 필요한 것이다. 타인이 훼손한 책을 굳이 골라 구매할 사람은 거의 없다. 누구도 그 책을 선택하지 않게 되고, 출판사든 서점이든 그 폐기 비용을 부담해야 한다. 이런 비용이 늘어나면 창업주의 정신은 폐기되거나 상권의 논리에 잡아먹히고 만다. 결국 피해를 입는 것은 개인이고, 슬퍼지는 것은 그 개인의 총합인 우리 사회다.

나는 교보문고의 표어인 "사람은 책을 만들고 책은 사람을 만든다" 는 문장을 좋아한다. 그 뜻을 굳이 고민하지 않아도 그 자체로 참 좋은 무엇이 있다. 광화문점에 가면 나는 지금도 아버지의 손을 잡고 들어온 열 살의 김민섭이 된 것처럼 가슴이 설렌다. 내 책이 나왔을 때는 광화문점의 신간 코너에 전시된 나의 책을 몰래, 아주 오랫동안 들여다보았다. 세상의 책이 모두 있는 공간에, 나의 책 한 권을 잠시 더했다는 것이 몹시 감격스러웠다. 내 아버지가 나에게 "이 세상 모든 책이 있는 곳"이라는 잊혀지지 않을 감각을 전해 준 것처럼, 나도 아이가 열 살이 되면 함께 교보문고에 가서 "이 세상 모든 책이 있는 곳이야." 하고 말해 주고 싶다. 그러면 그 훈이 아이의 몸에 새겨지고, 그때부터 그는 조금 더 나은 사람으로서 살 수 있을 것만 같다. 그때까지 교보문고의 창업주 정신이라는 것이 모두를 존중하는 방식으로 여전히 그 공간에 남아 있으면 한다. 나도 나를 위해서 그 훈을 지키는 데 어떻게든 기여하고 싶다.

나쁜 훈, 이상한 훈, 우아한 훈

나는 이 책을 쓰면서 경기도 분당의 모 오피스텔을 다시 찾았다. 엘리베이터를 타고 6층으로 가서 화장실 왼쪽에 있는 모 건설회사의 정문 앞에 섰다. 나에게 《훈의 시대》라는 책을 쓰게 만든 그 "우리는 남들보다 두 배 더……" 하는 사훈을 확인하고 싶었기 때문이다. "우리는 남들보다 두 배 더 열심히 일한다, 우리는 남들보다 두 배 더 일찍 출근한다, 우리는 남들보다……" 하는 항목이 총 5개 있었는데 2개만 선명하게 기억에 남았다. 다시 그것과 마주하면 어떤 심정이 될까, 하고 2년 만에 그곳을 다시 찾았다. 그런데 회사의 정문 왼쪽 상단에는 아무것도 붙어 있지 않았다. 5개의 사훈이 붙어 있던 그 자리는 대체된 다른 언어도 없이 깨끗하게 비어 있었다.

그 훈은 왜 사라진 걸까, 어쩌면 애초부터 없었던 것이 아닐까, 《훈의 시대》를 쓰라고 잠시 신기루처럼 나타났던 걸까, 괜히 몸을 돌려

화장실로 들어가면서 사진을 찍어두지 않은 것을 몹시 후회했다. 무엇보다도 그 나머지 세 항목이 무엇이었을지 도무지 상상이 안 가는 것이었다. 대체 우리가 두 배 더 열심히, 빨리, 어떻게든 해야만 할 그것은 무엇인지 너무나도 궁금했다. 아무래도 "우리는 남들보다 두 배 더 밥을 일찍 먹는다", "우리는 남들보다 두 배 더 월급을 덜 받는다", "우리는 남들보다 두 배 더 빨리 퇴직한다" 같은 것은 아니었겠다. 그렇게 살다가는 남들보다 두 배 더 일찍 사회적으로든 물리적으로든 죽고 말 것이다.

　사실 규모가 작은 회사일수록 사훈이 제멋대로인 경우가 많다. 특히 내부 구성원에게만 공개되는 것이라면, 더욱 적나라하게 그 욕망을 드러내기 마련이다. "우리는 남들보다 두 배 더……" 하는 그 훈은 내부 지침이나 '우리의 다짐' 정도로 규정되었을 것이다. 그래서 홈페이지라든가 하는 공개된 공간에 노출할 필요가 없었고 노출되어서도 안 됐다. 3부의 시작에서 간단히 언급하기는 했지만, 이 회사의 구성원들이 그 지침을 보고 정말로 소년만화의 주인공들이 변신을 하듯, 그러니까 〈드래곤볼〉의 손오공이 계왕권을 쓰고 초사이어인이 되듯 자신의 능력과 노력을 몇 배씩 끌어올릴 수 있을 리는 없다. 두 배 더 일찍 출근하는 일 역시 현실적으로 불가능하다. 그 훈이 전달하고자 하는 바는, 사무실에서 그만큼 자신의 일에 충실하자는 정도일 것이다. 그러나 이것은 다분히 폭력적이고 위계적으로 그 구성원들에게 작용한다는 점에서, 그에 더해 개인의 소모를 당연시 여기고 있다는 점에서 '나쁜 훈'이다. 직관적으로 공감할 수 없기에 굳이 나름의 해석이 필요하게 되고, 자신을 억지로 그에 끼워 맞추는 작업을 해야만 한다. 그렇게 굴복하고 나서야 회사에서 원하는 인재가 되어 그에 복무할 수 있다. 내가 이 회사의 구성원이라면 그 정문을 지날 때마다 몹시 모욕적이었을 것이다.

B급 감성을 드러내는 '이상한 훈'들도 있다. 어느 회사원은 온라인 게시판에 "건설회사를 다니는 직딩입니다. 어느 날 사장님께서 정말 너무 멋진 사훈이 생각났다며 액자에 넣어서 사무실에 걸어두신 사훈입니다." 하는 글을 올리고는 "죽을 만큼 일해도 안 죽는다"는 사훈의 사진을 첨부했다. SNS에도 사무실의 사훈을 찍어 올리는 사례가 많다. "河己失音 官頭登可(하기실음 관두등가) 물 흐르듯 아무 소리 없이 열심히 일하면 높은 자리에 오를 수 있다", "쉬지 말고 일하자", "손님이 그렇다면 그런 거다" 등을 쉽게 찾아볼 수 있다. 과잉이나 반전의 서사를 애초에 의도하고 만들어진 것이어서 누구도 심각하게 받아들이지는 않는다. 그러나 웃어야 할지 얼굴을 찡그려야 할지 고민하게 만들고 곱씹어 볼수록 회사로서든 개인으로서든 별다른 의미도 남지 않는다. 모욕적이지는 않지만 괜한 감정을 소비하게 만든다는 점에서, 권장하기는 어렵다.

회사의 훈

사무실에 붙은 사훈이 그 수용자에게 직관적인 공감을 이끌어내는 동시에 그를 존중하고 있다는 인식까지 전달할 수 있다면, 그것은 분명 '좋은 훈'이 될 것이다. 언젠가 모 스타트업 회사의 사무실에 붙어 있는 사훈이 SNS에서 화제가 된 일이 있다. 이것을 쉽게 좋다 나쁘다 하는 것으로 판단하기는 어렵지만 적어도 앞서 살펴본 것들보다는 '두 배 이상' 세련된 것이다.

송파구에서
일 잘하는 방법 11가지

1. 9시 1분은 9시가 아니다.
2. 업무는 수직적, 인간적인 관계는 수평적.
3. 간단한 보고는 상급자가 하급자 자리로 가서 이야기 나눈다.
4. 잡담을 많이 나누는 것이 경쟁력이다.
5. 개발자가 개발만 잘하고, 디자이너가 디자인만 잘하면 회사는 망한다.
6. 휴가 가거나 퇴근 시 눈치 주는 농담을 하지 않는다.
7. 팩트에 기반한 보고만 한다.
8. 일을 시작할 때는 '목적, 기간, 예상 산출물, 예상 결과, 공유 대상자'를 생각한다.
9. 나는 일의 마지막이 아닌 중간에 있다.
10. 책임은 실행한 사람이 아닌 결정한 사람이 진다.

11. 솔루션 없는 불만만 갖게 되는 때가 회사를 떠날 때다.

'우아한형제들'은 '배달의 민족'으로 유명한 스타트업 회사다. 위의 사훈은 '송파구에서 일 잘하는 방법 11가지'라는 이름으로 2016년 즈음에 널리 알려졌다. 사무실에 붙어 있는 것을 방문자들이 사진을 찍어 SNS에 올린 것이다. 여기에 재미와 공감을 느낀 사람들은 이것을 순식간에 확산시켰고, 실제로 송파구에 본사를 둔 우아한형제들은 자신들이 어디에서 어떻게 일하고 있는지를 별도의 비용 없이 홍보하는 효과를 누렸다.

이전까지 사훈이라는 것은 대개 명확하고 구체적인 지침을 전달하는 것이 아니었고 일상어는 거의 활용되지 않았다. 위의 각 항목에 활용된 '아니다', '一적', '잡담', '망한다', '눈치', '농담', '팩트', '생각한다', '떠날 때다'라는 단어들은 회사의 지침으로 활용되기에는 누가 보아도 다소 가벼운 것이다. 원래 사훈이라고 하면 모호하거나 고루하고, 구체적이라고 해도 곧 눈을 돌리게 만들 만큼 개인에게 부담을 지우는 것들이 주류를 이룬다. 그런데 우아한형제들은 마치 대학교 동아리실이나 고등학교 교실의 급훈으로 어울릴 법한 문장들을, 심지어 "업무는 수직적, 인간적인 관계는 수평적"이라는 식으로 어미도 제대로 활용하지 않고 종결하는 방식으로 사훈을 만들었다.

사실 우아한형제들이나 분당의 모 건설회사나, 그 문법이 다를 뿐이지 내포하고 있는 의미는 비슷하다. "우리는 남들보다 두 배 더 일찍 출근한다"는 것이나 "9시 1분은 9시가 아니다"라는 것이나, 출근시간을 엄수하라는 지침을 전달한 것에 지나지 않는다. "우리는 남들보다 두 배 더 열심히 일한다"는 것이나 "개발자가 개발만 잘하고 디자이너가 디자인만 잘하면 회사는 망한다"는 것이나, '열심히, 잘' 일하자는 내용을 다소 다르게 표현했을 뿐이다. 그러나 그 언어의 온도는 누구나 느낄 수 있을 만큼 확연하게 차이가 난다.

인터뷰 5

김민섭 '송파구에서 일 잘하는 방법'이라는 근무 지침이 화제가 된 일이 있는데요, 그 지침은 지금도 사무실에 붙어 있나요?

L(40세, 우아한형제들 12년차) 네, 그럼요. '송파구에서 일 잘하는 방법'은 아직도 회사에 붙어 있어요. 층마다, 곳곳에. 처음에 일 잘하는 법으로 만들어 회사에 붙였는데 회사 방문하시는 분들이나 내부 구성원들이 개인 SNS에 올린 게 많이 회자되면서 유명세를 타게 되었어요. 다른 회사에서 패러디 버전으로 만들기도 하고요. 어느샌가 입사하시는 분들이 달달 외워 오시기도 하고요.

김민섭 구직자들이 그 근무 지침을 외워서 오기도 한다고요?

ㄴ 최근 입사하시는 분들은 우아한형제들의 문화 중에 '송파구에서 일 잘하는 방법'이 가장 마음에 든다는 분들도 있어요. 다른 조직은 비전이 있지만 잘 모르겠거나 명확하지 않은 경우가 많은데 우리 회사는 원하는 인재상과 '우리 회사는 이렇게 일한다!'라는 것이 너무나 명확하고 공감이 가서 좋다고 하셨어요.

김민섭 선생님도 외우고 계신가요?

ㄴ 하하, 아뇨. 저는 못 외워요.

김민섭 이 근무 지침에 대해서는 함께 일하는 동료들의 만족도도 높은가요?

ㄴ 물론 이런 문화에 모든 구성원이 100퍼센트 공감한다고 보기는 어렵지만 우아한형제들은 규율 위의 자율을 핵심가치로 생각하는 회사예요. 원칙은 매우 명확하며 구체적이고, 대표이사부터 신입 구성원까지 이것을 준수하는 데 엄격한 편이에요. 마냥 자유롭고 편안한 회사로 오해하시는 분들이 많아서 한 번 더 강조하자면, 우아한형제들은 다니기 좋은 회사가 아니라 일하기 좋은 회사를 만들기 위해 애쓰고 있습니다.

회사의 훈

김민섭 그러면 우아한형제들의 사훈은 뭔가요?

ㄴ 사훈은 없어요. 대신 인재상으로는 "근면성실, 근검절약, 새시대 새일꾼, 배려와 협동"이 있고, 핵심가치로는 "규율 위의 자율, 스타보다 팀웍, 진지함과 위트, 열심만큼 성과"가 있어요.

김민섭 혹시 정문이나 사무실에 붙어 있는 표어 같은 것이 있을까요? 일하는 공간에서 언제나 눈에 닿게 만들어둔 어떤 단어나 문장이 있는지 궁금해요.

ㄴ 일하는 공간에 언제나 눈에 닿게 만들어둔 표어들은 많아요. 핵심가치도 곳곳에 적혀 있고요. 대표적인 것들을 몇 가지 소개하자면 이런 것들이 있어요. 무심코 시선을 돌리면 적혀 있는 것들이에요.

12시 1분은 12시가 아니다.

엄마가 하지 말라는 일은 하지 말자.

인사받고 싶으면 먼저 인사하자.

휴가에는 사유가 없다.

쉽고 명확하고 위트 있게.

나도 누군가에게 회사다.

$100-1 = 0$

이번 고비가 지나면 다음 고비가 온다.(김봉진 대표의 좌우명)

김민섭 배민 백일장도 그렇고, 우아한형제들은 짧은 단어가 갖는 힘을 잘 알고 있는 것 같아요. 이렇게 계속 짧은 형태의 서사를 만들어내는 이유는 무엇일까요? 예를 들면 "치킨은 살 안 쪄, 네가 쪄" 같은 것들요.

ㄴ 우리는 한글을 참 잘 쓰고 있지 않나요? 한글이 가진 이중적인 의미를 살려 말장난 같은 언어유희를 잘하는 게 배민의 브랜딩 방식이에요. 진지하게 '음식'에 접근하면서 그걸 풀어내는 방식은 아주 위트 있죠. 우리 서비스의 주요 타깃인 20대 초반, 대학생, 직장인 초년생 층이 딱 좋아할 만한 B급의 키치한 감성으로 풀어낸 것이 잘 맞아떨어져서 그것을 계속 일관성 있게 확장해 나가게 된 거예요. 잡지 광고에, 브랜드 제품에, 온라인 스토어 이벤트에, 오프라인 행사에(치믈리에 행사나 백일장 같은)……. 배민의 브랜드 가이드가 뭔 줄 아세요? "풋, 아!"입니다. 아주 짧고도 명쾌하지 않나요? '풋' 하고 웃게 하거나 '아!' 하는 감동을 주는 것. '쉽고 명확하고 위트 있게'는 서비스 제작 원칙인데 네 살짜리 조카도 이해할 수 있게 서비스를 만들려다 보니 자연스럽게 어려운 영어나 함축적인 말보다는 우리의 한글을 사용하게 되었죠. 이게 외부 커뮤니케이션은 물론 내부 커뮤니케이션, 내부 브랜딩에도 자연스럽게 잘 스며들고 있어요.

회사의 훈

김민섭 우아한형제들의 이런 브랜딩 방식이 내부의 분위기에 어떤 영향을 미치고 있을까요?

ㄴ 우리에게는 배민답게 잘 풀어나가고 있다는 자부심이 있어요. 소통이 잘되는 조직문화, 수평적인 문화, 구성원을 존중해 주는 회사, 성장하는 회사, 이러한 가치는 다른 회사에서도 모두 추구하는 것이지만 우리는 이것을 더욱 잘 유지하고 있죠. 이런 과정에서 언어라는 건 아주 중요하다고 생각해요. 언어는 문화를 표현하는 중요한 수단이니까요. 같은 말도 어떻게 표현하는지에 따라 느낌이 다르잖아요. 우리는 우아하면서도 '우아!'한 일들을 하나씩 해나가고 있어요.

L에 따르면, '송파구에서 일 잘하는 11가지 방법'은 아직도 회사의 각 층마다 곳곳에 붙어 있다고 한다. 그들은 같은 말도 어떻게 표현해야 공감을 이끌어낼 수 있는지를 잘 알고 있다. 근무 지침뿐 아니라 이들이 생산하는 모든 언어들은 명확하고 구체적이다. 앞선 장에서 살펴봤듯이 노력, 열정, 도전 등 모호한 단어들은 개인을 혼란스럽게 만든다. 그 훈을 보내는 측의 욕망의 최대치를 도저히 가늠할 수 없기 때문이다. 그러나 우아한형제들의 인재상, 핵심가치, 근무 지침, 기타 표어 등은 모두 명확하고 구체적이고, 무엇보다도 직관적이다. L은 대표이사부터 신입 구성원까지 이를 엄격히 준수하고 있으며, 자신들의 언어가 소통과 존중과 성장이라는 회사의 문화를 유지하는 데 기여하

고 있다는 자부심을 드러낸다.

　우아한형제들은 기존의 훈을 자신들의 언어로 재생산하는 데 탁월하다. 특히 그들은 내부와 외부의 언어를 구분하지 않는다. "9시 1분은 9시가 아니다"와 같은 내부의 지침은 "치킨은 살 안 쪄요, 살은 내가 쪄요." 하는 외부의 광고 문구로도 이어진다. 그것은 유명한 연예인을 동원하는 것이나 올리브유에 튀긴 치킨이라고 광고하는 것보다도, 오히려 소비자의 마음을 여는 데 효과적이다. 무엇을 사라고 강조하지 않으면서도 자연스럽게 '배달의 민족'이라는 애플리케이션에 접속해 치킨을 주문하게 만든다. 인스타그램이라든가 페이스북이라든가 하는 SNS에서 20대는 "야, 이거 대박, 존맛, 먹어봐." 하고 글을 쓰지만, 세대가 올라갈수록 가족 이야기를 한다든가 꼭 먹어야 하는 당위성에 대해 설명한다든가 꽃 사진을 첨부한다든가 하는 것으로 상대방이 원하지 않는 정보를 굳이 넣어 글을 쓰게 된다. 우아한형제들은 송파구에서 이 시대의 문법을 연구하는 가운데 착실히 자신들의 언어를 쌓아 올렸다.

　우아한형제들의 훈은 '우아한 훈'인 동시에 이 시대의 가장 액체화된 훈인지도 모르겠다. 1부에서 지그문트 바우만의 '액체 근대' 이론을 잠시 빌려왔던 것처럼, 이 훈은 내부 구성원들은 물론 소비자들에게도 물리적 폭력이나 충격으로 부딪혀 오지 않으면서도 은밀하고 세

런된 방식으로 빠르게 스며든다. 사원들은 그 언어에 고양되어 회사의 성장에 기여하고, 소비자들은 그것을 SNS에 올리거나 일상의 소품으로 가져와 사용하면서 그 언어를 확장시키는 역할을 도맡는다. '배짱이'라는 우아한형제들의 팬클럽은 지금 3기째 운영되고 있다. 이 우아함에 영합하는 이들의 몸 역시 유동하는 액체로서 존재한다. 시대의 흐름에 따라 가장 빠르게 움직이는 이들일 것이다. 그만큼 우아함은 언제든 고루해지는 때가 온다. 다음 시대의 개인들에게 어떠한 언어를 전할 것인지, 역설적으로 우아한형제들은 계속해서 '일 잘하는 방법'을 연구해야, 여전히 우아하게 살아남을 수 있을 것이다.

그에 더해, 나쁜 훈도 이상한 훈도, 적어도 그 내부 구성원들에게 모호한 욕망이 아닌 정확한 지침을 보낼 수 있어야 한다. 특히 그들을 존중하는 방식으로 그 언어를 구성해야 한다. 우아함과 고루함은 사실 한 끗 차이인 것이다. 언젠가 다시, 대리운전을 하고 화장실을 가기 위해서든 무엇으로든 그 분당의 모 건설회사를 찾았을 때, 그 "우리는 남들보다 두 배 더……" 하는 훈이 있던 자리에 차라리 '분당에서 두 배 더 일 잘하는 방법 5가지'라는 지침이 붙어 있으면 좋겠다. 언어를 쌓아가는 일은 벽돌을 쌓아 건물을 올리는 일만큼이나 중요한 것이다.

제4부

개인의 훈

현대사회의 개인은 일방적으로 훈을 수용하는 존재는 아니다. 시대의 훈을 파악하고 기민하게 그에 영합하기도 하고, 타인에게 전달하는 역할을 도맡거나, 그것이 잘못되었다고 판단되면 바꾸기 위한 노력을 기울이기도 한다. 개인은 한 시대의 훈이 탄생하고 확장되고 소멸하는 데 부단히 영향을 미치는 존재이고, 모든 개인은 시대의 개인으로서 의미를 가진다.

개인이 자신의 훈을 전시해 두는 공간은, 아무래도 스스로의 의지가 반영될 수 있을 만한 권력을 가진 곳이다. 누군가는 한 국가에, 누군가는 도시에, 그리고 거리에, 하나의 블록에, 거주 공간에, 작은 방에, 책꽂이에, 저마다 영합이나 저항의 의미를 담은 훈을 드러낸다. 그런데 평범하고 소소한 개인들은 국가와 도시의 단위로는 나아갈 수 없고, 대개는 '집'이라는 일상 공간으로 그 범위를 확정하게 된다. 집에서도 갑과 을은 나뉜다. 성인 남성이나 여성 중 한 명이 거실과 현관 등 주요 공간에 훈을 전시해 둘 만한 갑의 위치에 있고, 다른 구성원들은 간신히 하나의 방만 전시장으로 활용할 권한을 부여받는다. 그러나 방이 있어도 주변인이자 수용자로서만 존재하기도 하고, 운이 나쁜 이들에게는 책꽂이의 어느 몇 칸 정도만이 온전한 자신의 공간으로 주어지기도 한다.

자신이 사는 공간을 특별한 언어로 전시하고 싶어 하는 욕망, 거기에 동원된 언어들도 하나의 훈이다. "당신이 사는 곳이 당신이 누구인지 말해 줍니다" 하는 아파트 광고처럼 자신이 사는 곳의 이름과 자신의 품격을 동일시하게 된 이들이 있다. 단순히 아파트뿐만 아니라 어느 주거 공간에서든 그렇다. 강북에도 수많은 강남맨션이 존재하고 래미안 아파트 단지가 없는 마을에도 래미안빌이라는 빌라들이 존재한다. 그 외에도 기업도시, 혁신도시, 박사마을, 교수마을 등, 조금 더 멋진 이름으로 사는 곳을 증명하고 싶어 하는 욕망이 누구에게나 있다.

그렇게 타인에게 전시된 특별함은 그들의 삶에도 영향을 미친다. 조금 더 가격이 낮은 브랜드의 아파트 단지, 혹은 브랜드와 임대 아파트 단지의 삶과 인간의 품격을 나누게 되는 것이다. 하나의 아파트 단지에 사는 모두가 같은 등급으로 살아가는 것도 아니다. 면적에 따라,

개인의 훈

충고에 따라, 거기에서 무엇을 하고 있느냐에 따라 다르게 취급받는다. 우리는 아파트라는 생태계 안에서 벌어지는 여러 형태의 위계 갈등을 많이 보아왔다. 빌라와 맨션 등 공동주택의 경우는 우리 주변의 평범한 이들이 대개 그 '건물주'다. 그것이 그들 재산의 전부이듯, 그들은 스스로의 욕망을 그 이름을 짓는 데 투영하고, 자신의 세계를 그 건물의 크기만큼 축소한다. 세입자들은 그 건물의 이름에 관계없이 보증금이 싼 방을 찾아오지만, 건물 한 채가 생애의 업적이 된 건물주들에게는 그 건물의 모든 것이 곧 자기 자신과도 다름없다.

사실 학교나 회사보다도, 평범한 개인의 의지가 있는 그대로 반영된 일상의 공간들이, 시대의 욕망을 있는 그대로 드러낸다. 그 언어들은 개인들이 받아들이고 만들어낸 그 욕망과 마주할 수 있게 해준다. 앞에서 예로 든 아파트와 빌라가 아니더라도, 개인의 훈이 전시되는 밀도는 그 공간이 작아질수록 더욱 촘촘해지기 마련이다. 책꽂이에 꽂힌 책의 제목으로, SNS에 쓰고 공유한 사진과 문구로, 우리는 자신을 드러낸다. 최근의 베스트셀러 《죽고 싶지만 떡볶이는 먹고 싶어》라든가 《나는 나로 살기로 했다》라는 책을 타인의 눈길이 닿는 자기 공간에 두거나, 페이스북이나 인스타그램에 자신의 언어로 현재의 상태를 공유해 나가는 것이다. 그것은 한 공간에서 주체가 되고자 하는 개인의 욕망과 맞닿는다. 그렇게 전시된 훈들은 우리 자신의 모습이고 이 시대의 모습이 된다.

이 장에서는 개인의 일상 공간을 중심으로, 개인이 전시한 훈을 살펴보려고 한다. 그것은 시대에 영합하고 동시에 저항한 흔적이면서, 이 사회의 욕망이 가진 품격을 엿볼 수 있는 좋은 방법이 될 것이다.

1
당신이 사는 곳이 당신을 증명합니다

중학생이던 1990년대 중반에, 친구에게 "우리 엄마가 아파트에 당첨돼서 이제 이사 간다." 하는 말을 들었다. 나는 그에게 좋겠다며 진심으로 축하를 건넸다. 복권에 당첨된 것처럼 아파트 한 채를 받게 된 줄로 안 것이다. 친구는 그게 아니고 아파트를 살 자격을 얻은 것이라고 설명했지만 나는 이해하지 못했다. 그러면 당첨이라는 단어를 쓰면 안 되는 것이었다. 아파트라는 물건이 돈이 있다고 해서 반드시 살 수 있는 게 아니며 공급도 항상 부족하다는 사실을 안 것은 2000년대 중반쯤, 그러니까 아주 나중의 일이었다. 나는 의무소방원이라는 군대체복무를 수행했다. 그때 구급차를 타고 함께 나갔던 직원이 나에게, 너 내가 돈 버는 법 하나 알려줄 테니 그대로 해라, 하고 말하고는 주택청약통장 가입을 권했을 때야 비로소 아파트가 욕망의 집합체가 될 수 있음을 처음으로 감각했다. 그뿐 아니라 주식이라든가 아파트 분양권으로 재테크를 하는 직원들이 무척 많았다. 그들은 분양권에 당첨된 것만으로 500만 원이나 1천만 원을 벌었다고 자랑하기도 했고, 어느 주식을 사야 한다고 정보를 공유하기도 했다. 그중 30대 후반이었던 C는 나에게 10년 이상 된 주택청약통장의 위력에 대해 말해 주었다. 20대 초반이었던 내가 지금 청약을 넣으면 집을 구매할 서른 중반이 되었을 때 아파트 분양권 경쟁에서 1순위자가 될 수 있고, 그것만으로도 수천만 원의 돈을 벌 수 있다는 것이었다. 나는 그의 말을 따르지 않았다. 청약통장을 만들 만한 위인이었다면 대학원에 가서 현대소설을 전공할 일도 없었을 것이다. 지금도 주택청약에는 가입되어 있지 않다. 공급이 부족하든 어떻든, 서울의 아파트는 내가 가진 자산으로 살 수 있는 것이 아니며, 지방 중소도시의 아파트는 미분양된 것을 살 수 있음을 알고 있기 때문이다.

1990년대 아파트에 당첨된 중학생 친구의 부모는 지금도 그 아파트에 살고 있는지, 2000년대 아파트 분양 시장에 뛰어들었던 소방대 직원들은 분양권을 팔고 그 돈으로 갭투자 시장에라도 다시 진입했을지, 나로서는 알 수가 없다. 이러한 사정은 박해천 교수가 쓴 《아파트 게임》이라는 386세대의 고백의 서사에 잘 드러나 있다. 아파트라는 단어가 어떻게 시대의 훈이 되었고 거기에 한 세대의 욕망이 어떻게 영합해 왔는지를 한 편의 소설을 읽듯 살필 수 있는 책이다. 특히 자기 세대의 정체성을 이만큼 진솔하게 고백한 책도 드물어서, 한 시대와 세대를 이해하려는 모두에게 반드시 읽을 만한 가치가 있다. 나는 《아파트 게임》을 읽고는 나의 세대가 청약에 가입했다고 해서 그게 어떤 의미가 있었을까, 하고 잠시 착잡해지기도 했다.

나는 어린 시절부터 거의 다세대주택이나 단독주택에서 살았고, 대학생이 되고부터는 원룸에서 자취 생활을 했다. 아파트와는 별로 인연이 없는 삶이었던 셈이다. 잠시 상계동에 있을 때는 대부분의 친구들이 아파트에 살았지만, 성산동으로 이사를 오고부터는 아파트에 사는 친구를 사귄 기억이 단 한 번도 없다. 성산동, 망원동, 서교동, 성미산의 서쪽 자락부터 한강까지는 아파트가 거의 없었다. 누군가가 나에게 "우리 사회 비정규직의 삶을 많이 담아내셨는데 이유가 있나요?" 하고 물어서 "제 삶이 언제나 비정규직이었으니까요. 자신과 닮은 존재들이 눈에 잘 들어오는 것 같아요. 저는 고향에 대한 에세이집을 쓴 일이 있는데 성산동(망원동)도 이전에는 서울의 '비정규직 동네' 같았어요." 하고 답한 일이 있다. 서울이라는 도시를 굳이 정규직과 비정규직으로 나누자면, 나는 비정규직이라고 할 만한 동네에 살았다. 지금은 망원동 인근이 젠트리피케이션의 대명사처럼 되어서 다세대주택에 살던 친구들은 이제 경기도 외곽 지역까지 자신의 거주지를 옮겼지만, 정확히는 밀려났지만, 나는 아파트도 별로 없는 서울의 조용한 동네에서 스무 살 이전까지의 시절을 보냈다. 나의 부모 역시 자리 잡은 곳에서 평생 살면 그만이라는 삶의 태도로 무장한 사람들이었다. 그런 나에게 아파트는 별다른 욕망의 대상이 될 수 없었다.

그러나 나도 이제는 서울 강남, 트리플 역세권, 가족 구성원에게 방하나씩 내어줄 만한 면적의 아파트를, 융자 없이 자가로 소유하고 싶은, 그런 30대가 되었다. 거기에 푸르지오, 이편한세상, 래미안, 캐슬, 아이파크와 같은 브랜드가 붙어 있다면 좋겠고, 그에 더해 첼리투스, 포레스트, 하이스턴과 같은 멋진 서브 브랜드가 함께한다면 더욱 만족스럽겠다. 이것은 굳이 숨기고자 할 필요가 없을 만큼 보편적인 욕망일 것이다.

사실 아파트는 그 등장 이래로 계속해서 쟁취해야 할 대상이었다. 내가 의식주 중에 가장 중요하고 많은 비용이 필요한 항목이 '주'라는 것을 늦게 깨달았을 뿐, 언제나 욕망의 최전선에 있었다. 그러나 아파트가 나의 세대를 비롯해 모두에게 보편적으로 단순한 공간 이상의 의미를 획득하게 된 것은, 아무래도 2000년대를 전후한 시기부터겠다. 이전에도 1기 신도시의 건설과 맞물려 몇 차례의 부동산 투기 바람이 불기는 했지만, 그것은 눈이 밝은 특정 수요자들에 의해 물밑에서 진행된 것이다. 이때부터 건설사들이 유명 연예인을 홍보 모델로 내세우며 TV 광고를 시작했고, 브랜드 아파트도 처음으로 선보였다. 원래 아파트에는 지역과 건설사의 이름이 붙는 것이 일반적이었다. 예를 들면, 대치동 삼성아파트라든가 상계동 현대아파트라든가, 하면 충분했다. 거기에 1차, 2차, 하는 숫자를 붙이는 것으로 구분하기도 했다. 지금은 서울 강남뿐 아니라 지방의 중소도시에서도 그렇게

개인의 홈

아파트의 이름을 짓지 않는다. '고덕 래미안 힐스테이트'라거나 '동탄 레이크 자이 더테라스' 하는 식으로 여러 수식어를 덧붙인다. 그것이 분양에 도움이 된다고 판단하기 때문이다.

래미안이나 자이와 같은 아파트 브랜드가 탄생한 것은 1999년 '삼성 쉐르빌'부터라고 한다. 이후 거의 모든 건설사가 저마다의 브랜드를 만들어냈고, 톱스타를 기용해 TV 광고에도 열을 올렸다. 이전까지 아파트 광고는 TV보다 주로 신문지나 전단지로 이루어졌다. 모델료만 수억 원에 달하는 광고비를 집행한 것은 건설사로서도 익숙한 일이 아니었을 것이다. 김남주(대우 푸르지오), 김현주(한화 꿈에그린), 이영애(LG 자이), 채시라(대림 이편한세상), 장진영(롯데캐슬) 등, 당대의 톱스타들이 한 번쯤은 아파트 광고에 등장했다. 그들을 동원해 브랜드를 노출시키는 그 전략은 성공을 거두었다. '(브랜드를 가진) 아파트로 가야만 한다'는 욕망을 많은 이들에게 심어주었다. 이 시기의 아파트 광고는 정말이지 총력을 기울인 것이어서, 나는 10년이 지난 지금에도 몇몇 광고들을 쉽게 떠올릴 수 있다. 가장 기억에 남는 아파트 광고는 어느 아파트에 각국의 여성들이 모여 드레스를 입고 파티를 하면서, 그 주인인 한국 여성에게 저마다의 국어로 집이 참 아름답다는 찬사를 건네는 것이었다. "뷰티풀", "스키데스네", "쩐파우량" 하고 필요 이상으로 감탄하는 모습들이 그 시기의 웹툰 같은 데서 패러디되기도 했다. 아파트의 브랜드는 잘 기억나지 않지만 집이라는 공간에 누군가를 초대해 저렇게 과시하는 노골적인 장면을, 나는 처음으로 접했다. 저게 다 뭐냐, 싶으면서도 아파트가 연회를 위한 고급스러운 공간으로 변모할 수 있다는 것을 알았다.

여러 아파트 TV 광고 중에서도 가장 큰 획을 그은 것은 아무래도 롯데건설의 '롯데캐슬'이었다. 타 건설사가 공간에 만족하고 행복해하는 여성의 이미지를 보여주는 데 주력했다면, 이들은 유럽풍의 캐슬, 그러니까 고풍스러운 성을 그 모델로 삼았다. 중세 유럽의 고성을 배경으로 노블레스를 위한 특별한 공간이라는 메시지를 전달했다. 언젠가 침대 광고에서 "침대는 과학입니다"라는 희대의 문구를 남긴 박상원은 "사람들은 아파트가 아니라 성이라는 찬사를 보냈습니다. 단한 채를 지어도 특별하게 짓습니다"라며 롯데캐슬의 첫 번째 TV 광고에 출연했고, 곧 그 문제적인 발언, "당신이 사는 곳이 당신이 누구인지 말해 줍니다"라는 문구를 담은 광고가 나온다. 이것은 박상원의 입에서 나온 것은 아니지만 예의 그 "침대는……"만큼이나 개인들의 마음을 제대로 흔들어버렸다.

롯데건설의 TV 광고는 계속해서 노골적인 욕망을 담은 문구를 내보내며, 롯데캐슬이라는 자사의 브랜드를 개인들이 쟁취해야 할 훈으로 확실히 정착시켰다. 2001년부터 2012년까지, 롯데건설의 광고문구를 정리해 보면 표12와 같다.

개인의 훈

제작 연도	출연 모델	광고 카피(핵심 문장)
2001	박상원	사람들은 아파트가 아니라 성이라는 찬사를 보냈습니다. 단 한 채를 지어도 특별하게 짓습니다.
	-	당신이 사는 곳이 당신이 누구인지 말해 줍니다. 백만인 중 한 분만을 위해.
2002	금난새	누구도 당신을 대신할 수 없습니다. 무엇도 캐슬을 대신할 수 없습니다. 비교할 수 없는 가치.
		당신이 화려한 만큼, 존경받는 만큼 캐슬은 당신에 의해 더욱 돋보입니다. 비교할 수 없는 가치.
		당신이 사는 곳이 당신이 누구인지 말해 줍니다. 비교할 수 없는 가치.
2003	-	누구일까? 저 성의 주인은. 사람들은 누구나 가슴속에 성을 짓고 삽니다.
2004	안성기	바다, 강, 산, 하늘 그리고 몰운대의 특별한 아름다움까지 캐슬에게 바칩니다. 여기는 캐슬특별시입니다.
	안성기	남다른 시선을 받는 것만으로도. 당신이 사는 곳이 당신을 말해 줍니다.
2005	장진영	캐슬이 아름다운 건 당신의 마음이 아름답기 때문입니다. 당신은 캐슬에 사십니다.
2007	장진영	이 세상 가장 높은 꿈은 캐슬입니다. 캐슬에는 언제나 놀라움이 숨어 있습니다. 당신을 말해 줍니다.
2008	전지현	이웃을 사랑하며 사는 것보다 더 값진 예술은 없다. 당신의 마음이 가장 아름다운 성입니다. 당신을 말해 줍니다.
		당신의 손길이, 미소가 당신을 말해 줍니다.
		당신이 좋아하는 꽃이, 향기가 당신을 말해 줍니다.
2009	-	따뜻한 마음이 세상을 더 아름답게 합니다. 당신의 마음이 최고의 예술입니다. 언제나 변치 않는 가치.
2010	-	숲이 만드는 왈츠. 물이 만드는 오케스트라. 캐슬이 만드는 풍경화. 평범한 하루도 특별해진다면 그곳은 캐슬입니다. My Castle life.
2011	-	행복은 캐슬로부터
2012	-	행복은 캐슬로부터

표12 롯데캐슬(시공사 롯데건설) TV 광고에 등장한 문구

표에 나온 문구를 정리해 보면 다음과 같다. "당신이 사는 곳이 당신이 누구인지 말해 줍니다"(2001, 2002, 2004), "사람들은 누구나 가슴속에 성을 짓고 삽니다"(2003), "여기는 캐슬특별시입니다"(2004), "당신은 캐슬에 사십니다"(2005), "당신을 말해 줍니다"(2007, 2008), "언제나 변치 않는 가치"(2009), "특별해진다면 그곳은 캐슬입니다"(2010), "행복은 캐슬로부터"(2011, 2012). 2012년 이후로는 롯데캐슬의 브랜드 광고를 찾아볼 수 없다.

롯데캐슬의 광고 문구는 끊임없이 개인과 아파트라는 주거 공간을 연결시킨다. 전달하는 주된 메시지는, 개인은 공간의 품격을 덧입을 수 있는 존재라는 것이다. 누구나 보다 나은 공간에서 일상을 영위하고 싶어 한다. 여기에는 '편안함'이라는 절대적인 자기만족에 더해 '특별함'이라는 상대적인 자기만족도 작용되겠다. 롯데건설을 비롯한 각 건설사의 브랜드 아파트는 그러한 개인의 욕망을 잘 파고들었다. 당대 톱스타의 입을 빌려 "여기에 사시면 당신의 가치도 올라갑니다" 하는 메시지를 전달했다. 그때부터 아파트는 개인이 자신의 품격을 증명하기 위한 가장 비싸고 손쉬운 방법이 되었다. 늘어난 아파트 공급과 맞물려 서울 및 신도시의 아파트 가격은 서브프라임 모기지론에 따른 미국발 금융위기가 터지기 이전까지 최고치를 경신하게 된다.

공간에서 '특별함'을 얻을 수 있다는 인식은 이때부터 널리 퍼지기

개인의 훈

시작했다. 아파트의 브랜드가 개인의 품격을 담보하는 시대가 찾아온 것이다. 물론 이전부터 이러한 천박함은 늘 있어왔지만, 적어도 이처럼 노골적으로 드러난 일은 없었다. 같은 단위의 지역에서도 이제는 어느 아파트의 단지에 사는지가 중요해졌다. 아파트의 브랜드가 개인의 품격을 담보하는 것은 아니지만, 거기에 입주한 구성원들은 스스로 자신의 단지 주변에 성곽을 쌓아나갔다. 그것은 같은 단지의 아이들끼리만 어울리게 한다거나, 입주민이 아니면 출입을 금지한다거나, 하는 움직임으로 나타났다.

건설사들은 전국적으로 저마다 고심해서 지은 욕망의 이름을 보급해 나갔다. 브랜드 아파트는 2000년대 초반부터 완전히 자리 잡기 시작했다. 이 시기에 아파트를 분양받은 사람들은 어디에 사느냐는 질문에 "○○동 래미안", "○○동 자이", "○○동 힐스테이트" 하고 대답하게 되었고, 그것은 그들의 특별함을 증명하는 수단이 되었다. 그러나 곧 문제가 생긴다. 브랜드 아파트가 경쟁하듯 들어서면서 그 희소성이 급격히 떨어진 것이다. 그래서 건설사들은 조용히 욕망의 언어를 더 만들어냈다. 2000년대 중반부터 '서브 브랜드'라는 것이 탄생한다. 예컨대, '프리미어 팰리스'라든가 '메가트리아', '로이뷰', '더테라스', '트리지움'과 같은 이름이 기본 브랜드 뒤에 덧붙기 시작한 것이다. 이 2차적인 욕망을 담은 훈이 가장 먼저 가서 닿은 지역은 역시나 '강남'이었다.

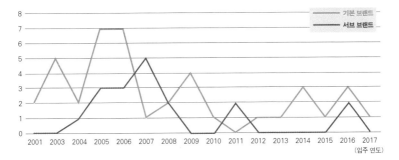

서울 강남 3구(강남, 서초, 송파) 지역의 연간 입주 단지 수

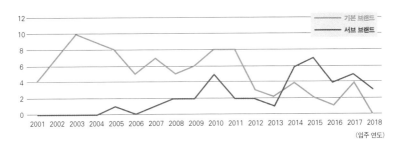

서울 강남 3구 외 지역의 연간 입주 단지 수

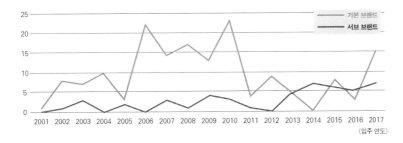

서울 외 지역의 연간 입주 단지 수

개인의 훈

앞의 그래프는 서울 강남 3구 지역(59건), 서울 강남 3구 외 지역(134건), 서울 외 지역(210건)으로 나누어 2001년부터 2017년까지 '삼성 래미안', 'GS 자이', '현대 힐스테이트' 세 브랜드의 입주 단지 수(403건)를 기본 브랜드와 서브 브랜드로 나누어 나타낸 것이다. 각 건설사의 홈페이지에서 공식적으로 발표해 둔 내용을 참조했다.

서울 강남 3구 지역의 경우 2004년부터 서브 브랜드 아파트가 보급되기 시작해서 2007년에 이르면 기본 브랜드 아파트의 보급을 앞지르게 된다. 그 이후 서브 브랜드 아파트는 2011년을 제외하고는 계속해서 우위를 점한다.

서울 강남 3구 외 지역의 경우는 2014년에 이르러, 서울 외 지역은 2015년에 이르러서야 서브 브랜드 아파트가 기본 브랜드 아파트의 보급을 앞지르게 된다. 이미 2007년에 그 역전 현상이 일어난 강남과 비교하면 거의 10년의 시차가 있는 셈이다.

각 건설사들이 서울 강남 3구 지역-서울 강남 3구 외 지역-서울 외 지역, 등으로 서브 브랜드를 확장해 나갔음은 각 그래프에서 명확히 드러난다. 이것을 그들이 의도했는가 하지 않았는가는 사실 쉽게 판단할 수가 없다. 다만 서브 브랜드라는 한층 더 노골적인 욕망의 언어는 강남이라는 특정 지역에서 그 주변으로 확산되었고, 2017년부터는 오히려 서울 외 지역에서 그 증가 폭이 두드러지게 나타난다.

어느 한 지역에 집약된 사회의 욕망은 점차 그 주변으로 퍼져나가게 된다. 건설사들이 그러한 전략으로 강남을 선택했다는 점은 명확해 보인다. 나는 아이의 유치원 오리엔테이션에 갔다가 "서울에서는 다 이렇게 한다고 합니다." 하는 원장 선생님의 말을 듣고는, 나도 모르게 고개를 끄덕인 기억이 있다. 강원도의 학부모를 설득하는 데는 서울이라는 지역의 권위를 빌려오는 것이 가장 손쉬운 방법이었다. 서브 브랜드라는 훈 역시 서울 강남에 입성해 VIP에 V가 하나 더 추가되어 VVIP가 되는 마법처럼 특별함을 덧입고는, 강남 외의 지역으로 천천히, 10여 년의 시차를 두고 나아가기 시작했다. 이것은 우리 시대가 가진 욕망의 지도이기도 하다.

브랜드 아파트에 입주한 사람들은 그 특별함이 정말로 자신들을 특별하게 만들어준다는 환상에 실제로 사로잡히기도 했다. 강남구 자곡동의 '자곡포레 아파트' 주민들은 시공사 측에 '래미안'으로 이름을 바꿔달라고 요청해 2015년 1월에 '래미안 포레 아파트'가 되었다. 이것은 다른 아파트에서도 흔하게 일어나는 일이다. 그런데 이 소식은 불과 1.5킬로미터 떨어진 '래미안 강남힐즈 아파트' 주민들의 마음을 불편하게 만들었다. 그들은 래미안 포레 아파트는 공공분양이고 래미안 강남힐즈 아파트는 민간분양이어서 서로의 분양가가 다르니까, 같

은 브랜드를 사용할 수는 없다며 반대하고 나섰다. 당시 기사의 인터뷰를 인용하면 다음과 같다.[20]

> "우리 입장에서는 (래미안 이름을 쓰는 것이) 억울하지. 분양가도 높게 주고 샀는데 같은 이름을 쓰면 같은 아파트로 보지. 구분을 좀 두자 이거죠."

> "생활 편의상 혼란이 생길 수밖에 없어요. 배달 음식을 주문할 때 자곡동 래미안으로 배달해 달라고 하면 래미안 포레로 갈 수도 있지 않겠어요?"

래미안 강남힐즈 아파트 주민들은 '짝퉁 래미안'이라는 현수막까지 걸어가면서, 자신들이 자곡동의 유일한 래미안 브랜드로 남기를 바랐다. 특별해지고픈 욕망과 그들이 특별해질 자격이 없다고 생각하는 욕망이 서로 부딪힌 것이다. 나중에는 그 브랜드를 사용하고 싶으면 'SH'라는 임대 아파트의 이름을 붙이라는 절충안까지 나온 모양이다. 분양가가 낮은 임대 아파트의 주민들과 래미안이라는 특별함을 공유할 수 없다는 논리는 과연 합리적인 것일까. 애초에 이름을 바꾸는 것

---

20 '아파트 이름이 집값 좌우?…입주민들은 전쟁 중', 〈SBS NEWS〉, 2015년 1월 13일; '분양가 다른데 이름 같으면 좀 억울하죠', 〈오마이뉴스〉, 2015년 2월 9일 참조.

만으로 집의 가치가 달라진다는 데서부터 별로 합리를 따질 수 있는 시대가 아닌 듯하다. 나 역시 그 당사자가 되었을 때 그 욕망의 이름에서 자유로울 수 있을지 장담할 수가 없다.

2018년에 이르러 '똘똘한 한 채'라는 신조어와 함께 서울 강남 지역과 그 주변의 아파트 가격이 가파르게 오르는 것을 보고, 나는 새로운 훈이 나타났음을 알았다. 이것이 어떻게 점멸하며 지방으로 전파될지는 잘 모르겠고, 어쩌면 정책에 따라 V가 하나 더 붙어, VVVIP의 훈이 등장할 수도 있겠다. 서브 브랜드의 유행 이후 찾아올 새로운 훈역시, 우리 시대가 가진 욕망의 크기와 속도만큼 다시 퍼져나갈 것이다. 동시에 메가트리움, 메가트리아, 프리미어팰리스, 첼리투스 등, 이 익숙한 훈들이 재건축을 기다리며 오랫동안 그 자리에 있을 것이다.

개인의 훈

2
폐쇄, 단절, 통제로서의 고급화

2017년 가을에, 내가 사는 아파트의 동대표가 모든 세대를 직접 방문하면서 '입주민 투표'를 했다. 아파트 각 동의 출입문을 폐쇄형 스크린도어로 바꾸는 것에 대한 찬반 투표였다. 누구나 손으로 밀어 여닫을 수 있는 것을 비밀번호를 입력해야 열리는 방식으로 바꾸겠다는 것이었다. 나는 잠시 고민하다가 '반대'에 체크했는데, 그것을 본 동대표가 나에게 "아니, 반대를 하는 사람은 처음 보네요. 최신식으로 바뀌면 좋잖아요." 하는 내용으로 말을 걸었다. 그러니까, 소수 의견도 아닌 유일 의견이었던 셈이다. 나는 그에게 "아, 저는 지금이 좋아서……. 고생 많으십니다." 하고 어색한 인사를 건넸다.

나는 학생 시절 원주에서 가장 좋은 브랜드 아파트로 과외를 몇 번 나간 일이 있다. 몇 동 몇 호인지 주문처럼 외우며 아파트 단지에 들어섰지만 첫날부터 아파트 동의 출입문이 열리지 않아서 당황스러웠다. 나는 그때 스크린도어 출입문을 처음으로 보았다. 세대를 호출하고, 아이의 부모가 나의 모습을 확인한 뒤에, 그가 열림 버튼을 눌러주어야만 들어갈 수가 있었다. 확실히 범죄 예방에는 큰 도움이 될 것이었다. 그러나 나는 '뭐 이렇게까지……' 하는 심정이 되고 말았다. 어차피 그 세대에 가서 초인종을 한 번 눌러야 할 것이고, 그들은 인터폰 화면으로 나를 확인하고 현관문을 열어줄 것이다. 그 아파트 단지 전체가 나를 온몸으로 거부하고 있는 것 같아서, 나는 괜히 기분이 상하고 말았다.

나는 대리운전을 하면서도 몇 번의 비슷한 경험을 했다. 사실 대리운전 기사만큼 완벽한 타인으로 어느 공간에 존재하게 되기도 어렵다. 어느 브랜드 아파트 단지에서든 다세대빌라에서든, 주차를 끝내고 나면 이방인이 되어 어서 그 공간에서 사라져야만 한다. 그러나 최근에 지어진 아파트일수록 거기에서 빠져나오기란 몹시 어렵다. 늦은 밤이어서 그렇기도 하지만 정문이든 후문이든 바깥으로 나가는 길을 찾을 수가 없는 것이다. 지도를 켜고 간신히 찾는다고 해도, 정문이 보이는데도 거기로 가는 길은 대개 막혀 있다. 친절한 입주민들은 나에게 길을 알려주기도 하지만 그래도 걷다 보면 아파트 단지를 몇 바퀴 돌게 되는 일도 흔하다. 마치, 성곽을 뱅뱅 돌고 있는 기분이다. 판교의 테크노밸리에 콜을 받기 위해 처음 갔을 때도 무척 주눅이 들었다. 나는 그렇게 많은 회사들이 저마다의 높이와 규모로 늘어서 있는 장면을 처음 보았다. 그 통유리로 된 건물의 여러 면들이 저녁노을을 받아들여 눈부시게 빛나고 있었다. 이른 저녁이어서 ID카드를 목에 건 직장인들이 돌아다니기도 했고, 퇴근을 하려는 직장인들이 통근 버스를 기다리는 듯한 모습도 보였다. 내가 그 회사에 굳이 들어가거나 그들과 말을 나눌 이유도 전혀 없지만, 그들은 완벽히 다른 세계에 있었다.

애된 대학생 과외 선생이 처음 마주한 스크린도어나, 서른이 넘은 대리운전 기사가 도착한 판교 테크노밸리나, 별로 다를 게 없었다. 나는 완벽한 이방인으로서 그 공간에 아주 잠시 존재했다. 물에 잠시 섞인 기름 한 방울이라고 해야 할까, 기름에 잠시 섞인 물 한 방울이라고 해야 할까, 과외 학생의 부모가 내온 고급 쿠키를 먹으면서도 별로 마음이 편하지 않았다. 나는 한시적으로 환대받는 존재였을 뿐이다. 특별함을 과시하고픈 욕망은 단절의 선언으로, 그러니까 폐쇄성으로 이어지기도 한다. 같은 공간에 거주하는 이들과의 교류를 넓혀가고 끈끈한 커뮤니티를 구축하지만 동시에 다른 타인을 초대할 가능성을 차단해 나간다. 그 거리와 입구에서부터 너와 나를 구분하는 것은, 결국 '우리'가 아닌 이들과 한 공간에 존재하지 않겠다는 선언인 것이다.

언젠가 아내가 나에게 "저쪽 아파트 단지 엄마들 되게 웃겨." 하고 말한 일이 있다. 그래서 이유를 물어보니, 초등학교에서도 아파트 단지를 구분할 수 있게 교복 같은 것을 입혀서 보내자는 의견이 나왔다는 것이다. 인근에서 가장 분양가가 비싼 브랜드 아파트 단지였다. 그들은 자신의 아이들과 임대 아파트 단지의 아이들이 학교에서도 그 옷차림으로 서로를 알아볼 수 있기를 원했고, 아파트의 단지가 구획된 것처럼 아이들도 서로의 옷차림을 보며 교류할 수 있기를 바랐다. 이것은 반대에 부딪혀서 무산되었다. 임대 아파트에서는 "거기 자기 돈으로 들어간 사람 얼마나 되는지 등기부등본 한번 구경해 보자." 하는 자조 섞인 목소리가 나왔다고 한다. 나는 이 '웃긴 이야기'를 공식적으로 찾아보고 싶었지만, 아내는 '그냥 다 아는 이야기' 정도로 이것을 정리했다. 이것은 여러 사람의 입을 거치면서 와전되었을 수도 있고, 그 진위를 제대로 확인하기도 어렵다. 그러나 이 지방 중소도시에서도 브랜드 아파트-임대 아파트-초등학교가 얽힌 갈등이 있었던 것만은 분명하다. 기사화되거나 공론화되지도 않은 이런 첨예한 갈등이 전국의 아파트 단지에서 얼마나 많이 벌어졌을지는 상상하기 어렵다. 실제로 아파트 단지별로 각 학급을 구성해 달라는 학부모들의 개입이 여러 초등학교에서 일어나고 있다고 한다. '휴거', 휴먼시아 거지, '빌거', 빌라 거지 등의 신조어를 만들어낸 것은 결국 아파트의 등급을 나누고 아파트와 아파트가 아닌 것의 등급을 나눠온 우리의 천박한 욕망들이다.

아파트 단지에 입주민이 아닌 타인이 들어오는 것 자체를 차단하기 위해, 단지의 입구에 스크린도어를 설치하거나, 아파트 내 통행로에 철조망이나 철문을 설치하는 사례가 우리 주변에서도 흔하다.

"철산동 소재 B아파트는 단지 외부 학생들의 단지 내 보행을 차단하면서 학교는 물론 울타리 하나를 사이에 둔 옆 아파트와도 반년 가까이 갈등을 빚고 있다. B아파트의 보행로 통제에 대해 바로 옆 C아파트 주민들은 '전형적인 지역 이기주의'라며 반발하면서 B아파트와 왕래하던 문을 봉쇄하는 등 갈등이 확산되는 추세다. 특히 C아파트 주민들은 B아파트 거주 학생들이 넘어오지 못하도록 울타리에 기름칠까지 하며 감정싸움이 극에 달한 상태다."

'아파트 입대의 회장 갑질…주민들과 갈등', 〈경기신문〉, 2017. 11.

"한 아파트가 사유지에 난 통행로를 철조망으로 막아버려 주민들 간의 대립이 극에 달하고 있다. 아파트 인근 주민들은 학교나 지하철역까지 최대 1킬로미터가량을 돌아가야 한다. 해당 구청은 사유지인 만큼 뾰족한 해결책이 없다는 입장이다."

'사유지…아파트 통행로 폐쇄, 이웃 주민들 대립', 〈KBS NEWS〉, 2014. 7.

"아파트 옆 초등학교와 연결된 단지 내 보행로가 일방적으로 폐쇄됐다. 아파트 입주민과 초등학생들은 불편한 우회 통행을 해야 했다. 입주자대표위원회 측은 그동안 외부인 출입으로 큰 피해를 입었기 때문에 (예를 들면, "인근 아파트 단지의 아이들이 단지 내 학교 측문으로 다니는 바람에 차량 사고 위험이 빈번하고, 쓰레기를 버리며 주차된 차량을 훼손하는 등의 문제를 일으켰기" 때문에) 불가피하게 철문을 설치한 것이라는 입장을 되풀이하며 통행 제한을 계속하겠다는 입장이다."

'쪽문 놓고 갈라진 아파트 주민들', 〈용인시민신문〉, 2010. 5.

외부인들이 아파트 내의 통행로를 이용해 학교나 지하철역에 가지 못하도록, 몇몇 아파트들은 철조망이나 철문을 설치해 그 길을 물리적으로 통제해 버렸다. 그들은 사고의 위험, 쓰레기 투기, 차량 파손 등을 걱정했지만 그것은 표면적이고 명목상의 이유다. 고작 그런 위협 때문에 길을 막는다면 온 거리는 철조망과 철문으로 뒤덮여 마치 군사분계선을 방불케 할 것이다. 브랜드 아파트의 등장과 함께 늘어난 폐쇄와 단절에 대한 욕망은 결국 '다름'을 물리적으로 행사하려는 것이고, 무엇보다도 아파트 매매가를 올리기 위한 노력이기도 하다.

2015년, 대구의 모 아파트에서는 동대표가 자신의 공약 1호로 '자산 가치를 위한 준폐쇄형 아파트'를 내세웠다. 경비실이 없는 출입로에 스크린도어를 설치하기로 한 것이다.[21] 그러면 이 아파트의 어느

---

21 해당 아파트의 입주민 카페에서 검색이 허용된 글을 참조했다.

개인의 혼

세대에 방문하기 위해서는 3단계의 절차를 거쳐야 한다. 우선 정문을 통과하며 경비원에게 방문 목적을 알리고 출입 허가를 받거나 방문할 세대에게 출입문 비밀번호를 받고 입력해야 하겠고, 다음으로는 해당 세대를 호출해 아파트 현관문을 열어주기를 요청해야 하겠고, 마지막으로 해당 세대의 초인종을 눌러야 하겠다. 나는 아파트 단지의 출입문부터 아예 폐쇄하겠다고 하는 것이 잘 이해가 가지 않는다. 그가 내세운 표면적인 이유는 "입주민과 인근 주민의 구분이 어려워 통제가 사실상 되지 않고 있고, 그래서 어린 자녀들의 안전이 위협받고 있다"는 것이었다. 그러나 그는 거기에 중요한 이유를 덧붙였는데, "전문가의 말을 빌리면 출입문 설치로 우리 아파트의 자산 가치는 150억 ~200억 정도는 상승할 것이라고 합니다."라는 것이었다. 나는 아파트를 폐쇄형으로 만드는 것이 어째서 아파트의 가치 상승으로 이어지는지, 그 이유에 대해서는 잘 알 수가 없고, 굳이 알고 싶지 않다. 그가 올린 글에 입주민들은 적극 찬성한다는 서른 개에 가까운 댓글을 연이어 달았다. 누군가의 "관리업체에 아파트 경비원 추가 배치를 요구하면 어떨까요?" 하는 유일 의견에 작성자는 "아파트 고급화와 외부인 차단에 효과적인 스크린 도어가 가장 알맞다고 생각합니다." 하고 답했다. 결국 스스로를 폐쇄하는 것이 '고급'으로 이어지는 시대인 것이다.

아파트를 높은 담으로 둘러싸고, 단지의 출입문에 경비원을 상시

배치하거나 스크린도어를 설치하고, 그렇게 외부인과의 완전한 단절을 선언하고 나면 확실히 아이들은 조금 더 안전해질 것이다. 그러나 우리는 지금도 스스로를 지킬 만한 구실을 이미 많이 만들어두었다. 각 세대의 안전함은 전통적인 방식으로도 충분히 지켜지고 있다. 거기에 CCTV라든가 미로처럼 얽힌 출입로라든가 동마다 설치된 스크린도어로도 이미 과잉 상태에 이르렀다. 아주 조금 더 나은 안전을 담보받고 그것으로 아파트의 자산 가치를 올린다. 그러나 우리가 잃어가야 할 것들이 더 많다. 나는 아이가 친구를 초대했을 때, 그 친구들이 단지의 입구에서부터 세대를 호출하고 아이가 그들의 얼굴을 확인하고서야 문을 열어주는 번거로운 절차를 거치기를 원하지 않는다. 특히 그러면서 '나는 너희와 다른 곳에 살고 있어' 하는 우월감이나 특별함을 느끼는 것은, 더욱 원하지 않는다. 스스로의 안전을 반드시 폐쇄와 단절이라는 방식으로만 지킬 수 있는 것은 아니다. 나는 나의 아이에게 '연결'이라는 감각을 더욱 전해 주고 싶다. 그가 여러 아파트의 놀이터로 자신의 좋은 친구들과 함께 원정을 다니며 잘 놀 수 있으면 하고, 친구들의 집에 방문할 때도 초인종을 누르고 "○○이 친구인데요, ○○ 있나요?" 하고 묻는 단 한 번의 수고로움으로 자신의 친구와 만날 수 있으면 한다. 그러나 아이들이 아파트 단지 안의 자신과 닮은 아이들과만 교류하고 그 안에서 안전을 획득하기를 원한다면, 그것으로 자신을 특별한 존재로 여기기를 바란다면, 우리가 선택할 것은 결국 외부와의 단절뿐이겠다.

개인의 홈

그런데, 폐쇄와 단절은 필연적으로 내부 구성원의 결집을 불러온다. 그 안에서의 교류는 더욱 다정하고 정중하게 일어나고, 저마다 친절하고 멋있어진다. 그것은 같은 브랜드의 공간 안에 있는 사람들에게만 발현되는 것이며 외부의 타인들에게는 가서 닿지 않는다. 그렇다고 해서 내부가 유토피아처럼 구성된다는 뜻은 아니다. 그 다정함, 정중함, 친절함이 소멸하는 특정한 내부 공간이 있는데, 바로 경비실이다.

경비원에 대한 갑질은 그동안 이런저런 사례들이 많이 알려졌고, 많은 사람들의 공분을 사기도 했다. 입주민이 명절 선물이라고 가져다준 것이 사실은 뼈만 남은 갈비였다든가, 아침마다 출입문에 서서 출근하는 입주민들에게 고개 숙여 인사를 하게 했다든가, 기록적인 폭염에도 불구하고 입주민들이 경비실 에어컨 설치를 반대했다든가, 하는 소식이 계속 들려왔다. 온라인 신문인 〈직썰〉에서는 이것을 정리한 웹툰을 만들었는데 요약하면 다음과 같다.

"1) 입주민님의 관리비가 오르니 에어컨은 뗄 것(서울 중랑구 ○○아파트), 2) 입주민님들께서 나오실 때 출입구에 서서 정중히 인사할 것(부산 ○○아파트), 3) 입주민님들이 들어오시면 센스 있게 문을 열어드릴 것, 4) 식사를 할 때는 재래식 화장실에서 먹고(서울 강남 ○○주공아파트), 5) 가끔 일용할 양식을 던져주시면 감사히 받아먹을 것(서울 압구정 ○

○아파트), 6) 입주민님이 담뱃불로 지지거나(광주 치평동 ○○아파트), 7) 얼굴에 침을 뱉고 때리더라도(대구 ○○아파트), 8) 우선 자신의 죄를 뉘우치고 사과할 것(광주 신용동 ○○아파트), 9) 최저 임금 올랐다고 돈 더 받을 생각은 하지 말고, 10) 열심히 일하다가 때가 되면 쫓겨날 것(대전 서구 ○○아파트)"**22**

자신을 위해 복무하는 타인을 하대하는 것으로 자신의 특별함을 증명하려는 이들은 아주 많다. 아파트라는 공간을 특별하게 여기며 입주민인 스스로를 그러한 존재로 격상시키고 나면 경비원에게도 과도한 요구를 일부러라도 하게 된다. 예를 들면, 자신에게 '제대로' 인사를 하지 않았다고 화를 내거나, 시장바구니 같은 것을 들고 있으면 알아서 문을 열어달라고 요구하거나, 유통기한이 지난 음식 같은 것을 가져다주거나 하는 것이다. 특히 내내 폭염이었던 2018년 여름에는 '경비실 에어컨' 문제가 여러 아파트에서 나왔다. 위의 사례 중 1)의 경우는 해당 아파트의 경비원들은 입주민들에게 직접 경비실 에어컨 설치에 대한 동의서를 받았다. 입주민의 동의가 필요하다는 입주자대표회의 입장에 따른 것이었다. 70퍼센트가 넘는 찬성을 받았고, 에어컨 설치가 결정되었다. 그러나 "나도 에어컨이 없는데 경비원에

---

22 '갑질 아파트 경비원들이 지켜야 할 십계명', 〈직썰〉, 2018년 1월 16일 참조.

개인의 혼

게 에어컨이 왜 필요하냐." 하는 불만이 지속적으로 제기되었고 누군가가 '에어컨 설치에 반대해야 하는 다섯 가지 이유'라는 전단을 배포하면서 SNS에서 화제가 되고 언론에 보도되기에 이르렀다. 사례 중 9)와 10)은 최저 시급 인상과 관련해 여러 아파트에서 벌어진 경비원 해고에 대한 것이다. 경비원의 휴식 시간을 서류상 늘리는 방식으로 그들의 임금을 동결한 아파트가 무척 많았고, 아예 입주민 투표로 몇 명의 경비원을 해고하는 것으로 결정한 아파트도 많았다. 대전 서구의 ○○아파트에서는 전체 788세대 중 646세대가 참여해 335세대 (51.85%)가 경비원 감축에 찬성했다. 전국의 아파트에서 이러한 일이 일어났고 많은 경비원들이 일자리를 잃었다.

경기도 남양주의 모 신도시에서는 아이들의 안전을 이유로 택배 차량이 지상으로 진입할 수 없게 만들었다. 택배기사들은 지하주차장에 차를 대고 손수레로 택배를 날라야 한다. 이전보다 더 많은 시간과 수고로움이 든다. 건당 수수료를 받는 기사들에게는 생존의 문제가 된다. 이것은 타인의 고통을 담보로 약간 더 나은 안전을 보장받는 일이다. 여러 기사에 따르면 해당 신도시 아파트의 관리사무소에서는 "최고의 품격과 가치를 위해 지상에 차량 통제를 시행하고 있다"고 밝혔다. 여기에서도 '통제'가 아파트의(사실은 자신의) 품격과 가치를 끌어올리는 방법으로 선택된다.

그러나 자신을 닮지 않은 타인을 배제하고 하대하는 것이 아니라, 그를 자신의 자리 옆으로 끌어올리면서 자신의 특별함과 품격을 증명하는 개인들 역시 많이 있다. 경비원이나 택배기사를 '우리' 안에 포섭하려는 입주민들과 그 바깥으로 몰아내려는 입주민들은 언제나 첨예하게 대립한다. 모든 입주민들을 그렇게 브랜드의 욕망에 잡아먹힌 존재로 매도하는 것은 옳지 않다. 다만 외부에 알려지는 것은 대개 갑질 사례들이다. '에어컨을 설치하면 안 되는 다섯 가지 이유' 전단이 배포된 아파트 단지에는 곧 '말 같지도 않은 이유들로 인간임을 포기하지 마십시오'라는 전단이 다시 배포되었다. 그리고 경비원 감축을 위한 주민투표 때 자신들이 관리비 몇천 원을 더 내는 것으로 현재의 인력을 유지하겠다고 체크한 이들이 더 많았던 아파트의 사례도 우리는 쉽게 찾아볼 수 있다. 수원 정자동의 모 아파트에 거주하는 나의 친구도 자신은 '인력 유지'에 투표를 했고, 60퍼센트 이상의 사람들이 그렇게 해서 자신의 아파트는 아무도 해고되지 않았다고 자랑스럽게 말했다. 그것은 그런 대로 우리 사회가 보이는 희망의 증거인 것이다. 전주시 덕진구의 에코시티데시앙 아파트에서는 입주민들이 택배기사를 위한 '카페'를 만들어두기도 했다. 한 평 남짓의 공간에는 "택배기사님, 경비 아저씨, 청소 아주머니, 우체부 아저씨, 배달기사님을 위한 에코시티데시앙 한 평 카페입니다"라는 안내문이 붙어 있다. 처음에는 입주민 정수현 씨가 혼자 시작한 일이지만 곧 여러 주민들이 음료와 사탕과 고구마 같은 것들을 함께 채워가고 있다고 한다. 이 아파트 역시 지상의 차량 통제를 시행하고 있지만 관리사무소에서는 "택배 차량은 당연히 단지 내 지상으로 진입하실 수 있습니다. 무인택배함이 지상에 있고 그 물량도 기사님이 손수레로 들고 다니실 양이 아닙니다." 하고 말한다. 어느 편이 더 품격과 가치를 지키고 있는지는 사실 명확하다. 단지 안을 오가는 택배 차량을 보며, 아이들도 타인에 대한 배려와 함께 연결이라는 감각을 몸에 새길 것이다. 그것이 오히려 우리가 일상 공간에서 지켜나가야 할 훈이겠다. (경비/우체부 '아저씨'와 청소 '아주머니'를 대체할 다른 단어를 찾아보면 더욱 좋겠다. 그러나 정중하고 다정하게 상대방을 표현하고픈 마음이 읽히기에, 여기에서 탓하고 싶은 것은 우리가 가진 언어의 협소함이고 그 사이마다 스며든 욕망의 천박함이다.)

그에 더해, 스스로를 특별한 개인이라고 믿는 데서 많은 비극이 시작되곤 한다. 우리 모두는 서로 닮아 있는 존재들이다. 내가 특별하다면 너 역시 특별하고 우리 역시 특별하다는 사실을 모두 인식해야 한다. 타인을 존중하고 그의 격을 자신의 자리까지 끌어올리는 데서 진정한 주인으로 설 수 있게 된다. 손님을 존중할 수 있는 여유도 그 공간의 주인에게만 허락된 것이다. 그래서 자신을 특별하다고 믿는 개인일수록 부단히 타인을 초대하는 연습을 해야 한다. 공간의 주인이 되는 일은 별로 어렵지 않다.

3
우리는 입주민을 위해 일한다

　2018년 가을에, 모 아파트 단지의 작은 도서관에서 인문학 특강을 했다. 지역 청년단체와 아파트 도서관의 협업이었고 단지에 거주하는 20대와 30대가 주로 참석했다. 강의가 끝나고, 나는 "혹시 저의 책에 서명을 받고 싶은 분들이 계시면 나와주세요." 하고 말했다. 특강을 갈 때면 가방에 몇 권의 책을 챙긴다. 출판사에서 저자에게 공급하는 가격에 저렴하게 구매한 것들이고, 원하는 분들이 있으면 같은 가격을 받고 서명본을 드린다. 그날도 몇 명의 입주민들이 나에게 다가왔다. 나는 그분들께 감사를 표하고 서명을 해드리기 시작했다. 그때 50대로 보이는 여성이 나에게 다가와서 "이 도서관에 혹시 작가님의 책이 있나요?" 하고 물었다. 그래서 없는 것 같다고 답하자, "그러면 책을 두 권 기증하시면 딱 좋겠네요." 하고 말했다. 내가 머쓱하게 웃자 그는 "기증하시면 좋잖아요." 하고 다시 말했다. 사실 책이라는 물건은 얼마든지 기증해도 좋은 것이고, 작가라는 사람들은 책을 여기

개인의 흄

저기에 나눌 만한 마음의 여유가 있어야 한다고 믿는 이들이 많다. 그런 반응은 익숙한 것이어서, 나는 그에게 "저도 구매해서 가져온 책들이어서요. 그러면 제가 한 권을 기증할 테니, 다른 한 권은 선생님께서 구매해서 기증해 주시면 어떨까요?" 하고 물었다. 그는 거기에 동의했고 자신의 이름으로 서명을 받았다. 그러나 그가 책을 들고 멀어져가기에 "한 권은 선생님께서 구매해서 기증하기로 하셨잖아요." 하고 묻자 그는 "그냥 기증하시는 줄 알았는데요. 여러 사람에게 작가님 책이 읽히면 좋은 거 아니에요?" 하고 반응했다.

나는 그가 좋은 마음으로 나에게 제안했을 것을 의심하지 않는다. 아파트의 입주민으로서 도서관에 장서를 더하고 싶었을 것이고, 지금 찾아온 이 작가가 누구이든 서명을 받은 책을 기증하면 더욱 의미가 있으리라고 기대했을 것이다. 여러 갈등은 대개 서로 다른 방식의 선의와 호의가 부딪히는 와중에 생긴다. 나는 그에게 돈을 받지 않고 아파트 도서관에서 나왔다.

그리고 그날 저녁, 청년단체 대표의 전화를 받았다.

"작가님, 정말 죄송한데요, 오늘 강의 끝나고 책 기증을 원하셨던 분이 아파트의 관리소장님이셨습니다."

"아, 그렇군요."

"저희가 책 기증을 강요할 수는 없다고 말씀드렸지만, 그분은 작가가 책을 기증하는 게 당연하다고 생각하고 계세요."

"네, 많은 분들이 그렇게 생각하세요."

"그러면서 왜 관리소장인 자신의 허락 없이 아파트에서 장사를 했는지 문제 삼으셨어요. 책을 구매한 입주민 네 분께도 돈을 다 돌려드리라고 하시네요. 그래서 저희가 작가님께 강의비에 그만큼의 책값을 더 입금해 드리는 것으로 합의를 보았습니다."

도서관을 찾은 그 50대 여성은 아파트의 관리소장이라고 한다. 그는 내가 자신의 허락을 얻지 않고 단지 내에서 판매 행위를 한 것에 대해 문제를 삼았고, 피해를 입은 선량한 입주민들에게 돈을 돌려주라는 행정처분 비슷한 것을 내렸다. 청년단체의 대표는 나에게 사과하면서 "우리와는 많이 다르게 살아오신 분"이라고 했다. 그러면서 관리소와의 협업 과정에서 겪은 몇 가지 일에 대해서도 말해 주었는데, 그것을 여기에 그대로 옮기기는 어렵다. 다만, 아파트의 관리소장이 그 아파트라는 공간에서 무척 큰 권력을 가진 존재인 것을 알았다. 정확하게는, 처음으로 그 권력과 마주했다.

개인의 흔

나는 허가를 받지 않은 '장사'를 했고 현장에 있던 관리소장에게 제지당했다. 거기에는 그의 권위를 존중하지 않았다는 맥락이 물론 있겠으나, 그로서는 자신이 해야 할 정당한 일을 한 것이다. 만약 이 내용이 내부로든 외부로든 확장된다면 곤란해지는 것은 아무래도 나다. 자신의 위력을 빈틈없이 행사한 사람에게 책임을 물을 수는 없는 법이다. 특히 입주민들에게는 "허가받지 않고 상행위를 하는 이가 있어 관리소장이 바로잡았고 피해를 입은 입주민들에게는 돈을 모두 환불해 주도록 조치했다."라는 내용으로 번역되고 전달될 것이다. 아파트에서 상행위뿐 아니라 어떤 특별한 행사를 하려면 관리소나 부녀회의 허가를 받아야 하는 것은 사실 상식에 속한다. 정해진 수수료를 지불하거나 아니면 그 안에서 관습으로 굳어진 다른 조건을 충족시켜야만 한다.

모든 공간에는 그 공간만의 문법이 존재한다. 개인은 살아남기 위해 거기에 익숙해져야 한다. 그 작업이 완료되고 나면 그에게 타인의 문법은 잘 들어오지 않는다. 우리는 그것을 생활양식이나 문화라고도 부른다. 그런데 어느 공간의 구성원들이 스스로를 특별하다고 여길 때, 그 공간의 문법은 더욱 힘을 가지게 된다. 고유의 언어가 개개인에게 미치는 영향력이 커지고 그것을 적용할 힘을 가진 이들의 권위는 더욱 높아진다. 그러니까, 아파트라는 공간이 특별해질수록 그 구성원들은 스스로를 특별한 존재로 여기게 되고, 그들을 대표하고 관리할 자격을 가진 관리소장, 입주민대표, 부녀회장 등의 권위 역시 그에 비례하게 되는 것이다.

규약, 운영방침, 정관 등등, 어느 한 공간에서 개인을 통제하기 위해 만들어진 언어들 역시 하나의 훈이다. 이것은 개인을 통제하기 위한 구체적이고 실제적인 수단이 된다는 점에서, 노골적인 욕망의 언어라고 할 수 있겠다. 관리소장이 "여기에서 장사를 하면 안 됩니다. 책은 당신이 기부하세요." 하고 말할 수 있는 힘의 원천은 결국 관리사무소에 보관된 관리규약에서 나온다. 그에게 그러한 자격을 부여한 한 줄, 그가 가진 권력의 작동 방식을 규정한 한 줄, 그것이 언어가 가진 힘이고 그가 가진 힘이다. 평소에는 누구도 별로 신경을 쓰지 않고 존재 여부도 모르며 일상을 영위하지만, 서로의 이해가 부딪힐 때는 결국 낡은 규약집의 한 줄이 소환된다. 이 권력을 덧입은 이들은 평소에는 잘 보이지 않고, 평범한 입주민과 다름없이 보인다. 그러나 어떤 갈등이 발생했을 때는 언제든 자신의 권력을 스스로 작동시키며 전면에 나선다.

제1조【목적】이 규약은 주택법 제44조 제2항 및 동 시행령 제57조 제1항의 규정에 의하여 서울특별시 강남구 ○○동 ○○아파트 단지 내의 공동주택의 관리 또는 사용에 관하여 필요한 사항을 규정함으로써 "입주자 및 사용자"(이하 "입주자 등"이라 한다)의 공동 이익을 증진하고 양호

한 주거 환경을 확보함을 그 목적으로 한다.

제2조【적용범위】이 규약은 서울특별시 강남구 ○○동 ○○아파트 단지 내의 공동주택, 입주자의 공동 소유인 부대시설 및 복리시설과 그 대지 및 부속물의 관리 및 사용에 관하여 적용한다.

제5조【관리기구 등】① 입주자 등은 제1조의 목적을 달성하기 위하여 주택법 시행령 제50조 제1항의 규정에 의한 입주자대표회의와 주택법 제2조 제12호 각 목의 1에 의한 관리주체를 둔다.[23]

위의 인용문은, 서울 강남의 모 아파트 단지 관리규약집의 일부다. 그런데 아파트 상행위에 대한 관리규정은 존재하지 않고, '공동 이익의 증진', '양호한 주거 환경의 확보'라는 다소 모호한 목적만이 눈에 들어온다. 외부에 공개된 몇 개의 관리규약집을 더 들춰봐도 그랬다. 그래서 대표적인 자치공동체라고 할 수 있을 부녀회의 운영규정집을 추가로 찾아보았다.

제19조 (수익)

---

23 서울시 강남구에 소재한 모 아파트의 관리규정집에서 인용.

① 부녀회의 수익은 다음 각 호와 같다.

　1. 단지 내 일일장 상인 유치로 인한 수익

　2. 기타 부대 수익

② 입주민의 통행, 차량소통, 주차 등에 피해를 주는 무리한 단지 내 상인 유치를 삼가며, 이로 인한 입주민의 민원을 야기하지 아니하여야 한다.

아파트 내에서 무엇을 하려면 해당 단지 '부녀회'의 허락을 얻어야 한다는 말이 공공연하게 있는데, 저마다의 규약은 조금씩 다르겠지만 위에 인용된 부녀회의 경우는 "단지 내 일일장 상인 유치로 인한 수익"을 부녀회의 주요 수입으로 명시해 두었다. 여기에 "무리한 상인 유치를 삼가"야 한다는 내용도 덧붙였다.

관리사무소의 규약집과 부녀회의 운영규정집을 열람해 보면서, 나는 그 언어들이 구체적인 동시에 무척 모호하다는 것을 알았다. 이에 따르면 관리소장이나 부녀회장이나 그에 준하는 권위를 가진 이들이, 아파트 단지 내에서 벌어지는 어떤 일련의 행위를 두고 '공동의 이익이나 양호한 주거 환경을 확보하는 데 방해가 된다'고 판단하면, 그것을 얼마든지 제지할 수 있는 것이다. 반대로 그에 합당하다고 판단하면 무엇이든 강행할 수 있다. 그러니까, 구체적인 언어는 힘을 가지는 것이지만, 모호한 언어일수록 그 수행 주체에게 더욱 힘을 실어주게 된다.

'공동의 이익'이나 '양호한 주거 환경'이라는 단어는, 앞선 장에서 살펴본 아파트 경비원이나 배달기사에 대한 갑질이라든가 집값 담합 등, 외부뿐 아니라 내부에서 보아도 이해가 가지 않을 만한 일의 맥락을 모두 소거시키는 힘을 가지고 있다. 정의롭고 상식적인 개인들도 여기에 이르면 그에 영합하지 않을 수가 없다. 이익과 양호라는 모호한 단어를 헤집고 들어가서 다시 무언가를 해석하고자 하는 것은 몹시 번거롭고 외로운 일이다.

이 글에서 관리소라든가 부녀회라든가 입주자대표회의라든가 하는 조직과 그 대표들을 단순히 비판하고자 하는 것은 아니다. 개인에게 주어진 권력은 본인과 주변인들을 아주 쉽게 잡아먹곤 한다. 선한 의지로 시작한다고 해도 계속 버텨낼 수 있는 사람은 아주 드물다. 나는 그런 이들을 대학에서부터 아주 많이 보아왔고 나의 몸을 제대로 지키지 못했던 아픈 경험도 가지고 있다. 그래도 일상 공간의 대표로 나선 개인의 역할과 책무라면 개개인의 일차원적인 욕망을 부추기는 데 있는 것이 아니라 올바르게 인도하는 데 있다. 집값을 얼마간 올리고 경비원에게 인사를 더 받는 데서 입주민의 품격을 찾는 것이 아니라, 스스로의 격을 올림으로써 공간의 가치를 높이기 위한 여러 방안을 고민해야 한다. 사실 훨씬 어렵고 무언가 했다는 티도 제대로 나지 않는 일이다. 어쩌면 제대로 된 성과도 내지 못했고 공동의 이익을 위해 제대로 복무하지 못했다는 비판을 받을지도 모르겠다.

글을 쓰는 동안 나는 서울 둔촌 지역의 모 아파트 관리사무소에 붙은 입주자대표회의의 훈 "우리는 입주민을 위하여 일한다"라는 것을 보았다. 입주민으로서는 고맙고 든든한 훈이다. 내가 만난 여러 관리소장과 부녀회장과 입주민대표자들이 그런 마음으로 일하고 있었을 것이다. 그러나 '일'을 수행할 여러 주체들은 그만큼 무한한 당위성과 힘을 부여받는다. 이들에게는 여기에 잡아먹혀 스스로 괴물이 되지 않을 책임과 함께 그 입주민들을 괴물로 만들지 않아야 할 책임이 함께 존재한다.

욕망의 최전선이라고 할 만한 대한민국의 아파트에서 자치단체의 대표로 존재한다는 것은 끊임없이 선택의 기로에 서는 일이 될 것이다. 쓸데없는 일만 하는 대표였다고 비난받는다고 해도, 그것도 나름의 감수할 만한 즐거움이 아닐까 싶다. 그때 비로소 내가 괴물이 되지는 않았구나, 하는 안도감과 함께, 곁에서 손을 잡아준 정말로 품격 높은 개인들과 새롭게 만나게 될 것이다.

4

CCTV에 갇힌 건물주들

　글을 쓰고 주로 지내는 서울 망원동에서 성산동을 지나 마포구청 인근으로 쭉 올라가다 보면, 불광천과 홍제천이 나타난다. 나는 주로 불광천을 따라서 새절역이나 응암역이 나타날 때까지 그 천변을 걷는다. 마포구에서 은평구로, 서울의 북쪽으로 가는 길이다. 잘 정비된 불광천변은 봄마다 벚꽃축제를 열 만큼 무척이나 아름답다. 내려올 때는 6호선 지하철을 타고 10분이면 다시 망원동으로 돌아올 수 있다. 새절역부터 응암오거리까지 들어선 몇몇 맛집은 남에게 알려주지 않고 몰래 가는 곳이기도 하다. 나에게는 정말로 사랑스러운 산책길이다.

　불광천변의 양옆으로는 정말이지 많은 공동주택들이 자리 잡고 있다. 2018년의 시세로 대략 보증금 1천만 원에 월세 45만 원 정도 하는 원룸들이 대부분이다. 거기에서 아침마다 청년, 노인, 학생, 회사원 등 정말이지 다양한 사람들이 쏟아져 나온다. 그들은 6호선 지하철을 타고 불광역과 합정역 두 방향으로 각기 갈라져 학교나 직장이나 자신의 작업실로 향하고, 폐지를 줍기 위해 골목으로 사라져가기도 한다. 아파트는 몇 블럭을 들어가야 오래된 소형 단지들이 등장하고, 비교적 최근에 지어진 '백련산 힐스테이트'가 거의 유일한 브랜드 아파트다. 이 거리에는 아파트보다는 빌라, 맨션, 연립과 같은 이름의 공동주택들이 고만고만하게 솟아 있다. 이것은 인근의 망원동이나 성산동도 마찬가지고, 아직 개발을 거치지 않은 '동네'들이, 정확히는 서울이라는 도시의 욕망에 편입되지 못한 동네들이 서울의 여기저기에 많이 남아 있다.

어느 날엔 친구와 함께 불광천변을 걷다가 '래미안 아파트'와 마주했다. 그때는 밥을 먹기 위해 천변에서 한 블럭 뒤를 걷고 있었다. 아니 여기에 왜 이런 브랜드 아파트가 있지, 하고 놀라서 함께 바라보니 그것은 아파트라기보다는 빌라나 맨션이라고 해야 어울릴 만했다. 우리는 그 빌라, 아니 아파트 앞에서 "이래도 괜찮아? 브랜드 소송 같은 게 들어오는 거 아니야?" 하고 잠시 멈추어 이야기를 나누었다. 그러다가 우리가 그동안 이 거리에서 공동주택의 이름을 눈여겨본 일이 없다는 사실을 알았고, 특이한 이름을 가진 것들을 기록해 보기로 했다.

개인의 흒

그날 친구와 나는 무척 즐겁게 그 거리를 걸을 수 있었다. 새절빌라, 유성빌라, 현대빌라 등, 내가 1990년대부터 흔히 보고 자란 전통적인 이름들도 있었지만, 그보다도 아마 건물주의 욕망을 그대로 담고 있을 법한 것들이 많았다. 특히 최근 몇 년 내에 지어져 내진설계 인증까지 새겨둔 공동주택들은 거의 '○○빌', '○○리움', '○○캐슬' 하는 이름을 가지고 있었다. 예를 들면 다음과 같은 것들이다.

거성리젠시, 뉴캐슬, 아이캐슬, 브라운스톤빌, 우방이지빌, 워너빌, 월드샤인빌, 한양아트빌, 효성쉐르빌, 리츠타운, 뉴월드애필리움 (……)

2000년대 초반부터 지어진 브랜드 아파트들과 크게 다를 것 없는 이름들이, 그 이후에 지어진 여러 수익형 부동산들에도 가서 붙었다. 그리고 보면 기업과 개인 중 누구의 욕망이 먼저라고 쉽게 단정지을 수 없는 것이다. 사람은 자신의 이름을 지으며 태어날 수는 없지만 자녀의 이름이라든가 공간의 이름이라든가, 하는 것을 선택할 기회를 가지게 되기도 한다. 아파트의 경우는 건설사에서 분양하며 지어둔 것을 그대로 따라야 하지만 자신이 '건물주'가 된다면, 그때는 대한민국의 지도에 들어갈 한 건물의 이름을 자신이 지어서 신고할 수 있는 것이다. 누구나 잘 짓기 위해 깊이 고심할 것이고, 그것으로 자신의 가치를 증명하고자 할 것이다. '대충 아파트'가 없듯이 '대충 빌라' 같은 것도 존재하지 않는다.

그런데 건물주라는 누구에게나 선망의 대상이 되는 그 직업은, 사실 우리 주변에 무수히 솟은 그 다가구주택들만큼이나 많다. 도심의 상가 건물 몇 채를 두고 세입자의 가게가 유명해지면 재계약을 하지 않는 방식으로 내쫓거나, 지방 대학교 인근에 수십 채의 원룸형 아파트를 두고 입학 시즌에만 한 달 정도 내려가 선세를 받아 챙기고 열한 달을 여가 생활로 즐기는 이들이야 건물주가 아닌 '갓물주'라고 불러도 되겠지만, 노후 자금으로 다가구주택 한 채를 간신히 신축하고 그것을 생계비 삼아 살아가는 이들도 있다. 애초에 대출을 받아 진행한 것이기에 공실이 생기면 당장 생계에 어려움을 겪기도 한다. 그러니까, 그들 역시 우리 사회의 평범한 개인이라는 것을, 우선 짚어두고 싶다.

인터뷰 6

김민섭 집은 언제 지으신 건가요?

건물주 A(마포구에 다가구주택 한 채 소유) 2012년에 살던 단독주택을 허물고 지었어요.

김민섭 단독주택에 살고 싶어 하는 사람도 많은데 왜 그렇게 하셨나요?

개인의 홈

건물주 A 여름에는 덥고 겨울에는 춥고, 특히 겨울이면 단열이 안 되니까 난방비가 너무 많이 나왔어요. 이사를 가야 하나 고민하다가 그래도 이 동네가 제 고향이니까 또 떠나기는 싫더라고요.

김민섭 짓는 데 돈이 많이 들지요?

건물주 A 네, 그런데 제가 가진 돈이 거의 없었어요. 총 5억 원 정도 들었는데 작은 평수의 민간 임대주택 건설자에게 3년 거치 10년 상환으로 2퍼센트의 저리 융자를 해주는 정부정책이 있었어요. 거기에서 2억 원 정도를 대출했고, 나머지 3억은 건설사무소에서 도와줘서 단기대출을 받고 완공 이후에 전세를 놓으면서 그것으로 충당했어요.

김민섭 그러면 초기 비용이 거의 안 들었겠어요. 다른 다가구빌라 소유자들께서도 다 그렇게 지으실까요?

건물주 A 아니죠. 보통은 자기 노후 자금 같은 것이 있어서 일부를 보탤 텐데 저희는 그것도 별로 없었어요. 그래서 건설사무소 사장님께서 돈이 없다더니 정말 이렇게 없는 줄은 몰랐다면서 대출을 알아봐 주시더라고요.

김민섭 몇 개의 방이 있고, 어떻게 임대를 하고 계시나요?

건물주 A 2층부터 4층까지 총 8개의 방이 있고요, 그중 4층의 가장 큰 방에는 제가 지내고 있어요. 원룸형이 5개이고 투룸형이 3개가 있어요.

김민섭 입주가 모두 완료되었나요?

건물주 A 신축했을 때는 2주 만에 분양이 모두 완료되었어요. 그래서 이게 별로 어렵지가 않구나, 다행이다 싶었는데, 지금은 방이 2개가 비어 있어요. 시세가 보증금 1천만 원에 월세 50만 원인데, 월세를 5만 원 내린다고 해도 방을 보러 오는 사람이 별로 없어요. 세입자들은 한번 들어오고 나가면 끝이지만, 저는 계약한 시점이 다 다르니까 계속 신경을 써야 하고 방이 나가지 않으면 또 마음고생이 심해요.

인터뷰에 응한 건물주 A는 마포구에 다가구주택 한 채를 소유하고 있다. 그 주변은 1990년대까지만 해도 단독주택이 많았는데, 지금은 거의 공동주택으로 바뀌었다. 관리비가 많이 나오는 노후 단독주택이 끊임없이 보수해야 하는 '돈 먹는 하마' 같은 공간인 탓도 있겠고, 임대를 통해 노후에도 소득을 올릴 수 있다는 매력 때문이기도 하겠고, 무엇보다도 민간 임대주택 건설자에게 10년 상환으로 2퍼센트의 저리 융자를 지원해 주는 정부정책도 한몫했겠다. 4층 규모의 다가구주택을 짓는 데 2012년 기준으로 5억 원이 들었다면, 같은 시기에 서울 브랜드 아파트를 사는 것보다도 오히려 훨씬 적은 비용을 투자한 것이다. 2015년에 분양한, 건물주 A의 집에서 별로 떨어지지 않은 곳에 위치한 마포구 서교동의 '메세나폴리스'는 전용면적 37평의 분양가가 11억 원 수준이었다. 서울 역세권의 브랜드 아파트나 오피스텔을 소유한 이들이 적어도 건물주들보다는 사정이 나은 셈이다. 건물주 A에게도 단독주택을 팔고 대출을 받아 브랜드 아파트로 이사를 가는 선택지가 분명히 있었다. 그러나 그는 자신이 살아온 동네에서 임대수익자가 되는 길을 택했다. 50대 후반의 나이인 그는, 앞으로도 더 숨 쉬는 비용을 지불하면서 계속 살아가야 하기 때문이다.

건물주 A는 여러 평범한 건물주들 중 한 사람이었다. 그뿐 아니라 여러 건물주들이 마포구와 은평구와 서대문구 등, 서울 서북쪽의 여러 다가구주택들 중 한 채를 소유하고 있을 것이다. 이처럼 노후를 보내기 위해 자신이 살아온 집과 작별하고 대출을 받아 간신히 3층에서 4층 사이의 건물을 올린 이들이 있다. 드라마에 등장하는 팔자 좋은 건물주들과 이들은 분명히 구분될 필요가 있어 보였다. 그렇다면 이 건물주들이 자신의 한평생을 쌓아 올린 무엇과 맞바꾼 이 건물의 이름을 짓는 데 얼마나 고민하게 될지는 쉽게 짐작할 수 있다. 어쩌면 자녀의 이름을 짓는 것보다도 훨씬 어렵고 섬세한 작업이 되겠다. 새로운 인생을 시작하겠다는 희망, 과거의 기억과 추억, 특히 자신을 드러낼 수 있는 한 단어를 찾기 위해 깊이 고민할 것이다. 건물주 A도 가족회의를 통해 지금 살고 있는 빌라의 이름을 지었다고 한다. 빌라의 이름은 과연, 앞서 알아본 '○○빌'이라든가 '○○리젠시'에 뒤지지 않을 만큼 강렬한 것이었다.

건물주 A가 건물주가 된 사정을 알아보았으나, 나는 그에게 다른 질문을 더 하는 것은 별로 의미가 없겠다고 생각했다. 대신 은평구와 서대문구의 다가구주택에 살고 있는 입주민 A와 입주민 B에게 "당신의 건물주는 어떻습니까?" 하는 것을 물었다.

인터뷰 7

김민섭 두 분은 왜 다가구주택에서 살고 계시나요?

입주민 A(31세, 대학원생, 은평구 다가구주택 세입자) 집 근처에서 6호선 지하철을 타면 제가 다니는 대학까지 20분이면 갈 수가 있어요. 사실 대학 근처에서 지내고 싶기는 했는데, 멀어질수록 방의 상태는 좋아지고 보증금하고 월세도 떨어지더라고요. 그래서 보증금 500만 원에 월세 45만 원을 주고 있어요.

입주민 B(36세, 회사원, 서대문구 다가구주택 세입자) 저는 아침마다 차를 몰고 합정역 인근으로 출근하고 있어요. 그래서 집을 구할 때 주차 공간이 확보되는지를 가장 먼저 확인했어요. 보증금 1천만 원에 월세 40만 원을 내고 있고요.

김민섭 건물주와는 잘 지내고 계신가요?

입주민 A 저는 아주 잘 지내요. 얼마나 잘 지내냐면 애니팡 하트를 매일 보내주십니다. 사실 카카오톡으로 애니팡 하트가 올 때마다 저희 어머니 생각도 나고 되게 귀여워요. 근처에 사시는 것 같은데 사실 계약할 때 빼고는 1년 동안 얼굴을 못 뵈었어요. 그래서 정말 좋아요. 건물주 얼굴은 보지 않는 게 제일 좋잖아요.

입주민 B 저는 제가 지내는 건물 말고, 옆 건물의 주인하고 좀 트러블이 있어요.

김민섭 옆 건물 주인하고요?

입주민 B 첫날 이사를 올 때 빌라 앞에 잠깐 정차를 해두고 짐을 옮기는데, 그 건물에서 집주인이 뛰어 내려오시더라고요. 왜 주차장을 넘어와서 차를 댔냐고요. 제가 이사를 할 건물 주차장에 택배 차량이 들어와 있어서 어쩔 수가 없었거든요. 5분 정도만 정차해 두고 짐을 옮기면 안 될지 여쭈었는데도 당장 차를 빼라고 화를 많이 내시는 거예요. 그 이후에도 주차를 하기 위해서 그 집의 주차장을 잠시 넘어간 일이 있어요. 왜냐하면 서대문구는 골목에 다가구빌라들이 정말 많고 주차장은 좁아요. 그래서 주차를 하려면 연락해서 차를 한 대 빼기도 해야 하고, 정말 주차 전쟁이에요. 그런데 또 집주인이 뛰어 내려와서 왜 자신의 집을 넘어오느냐고 화를 내더라고요. 그때 제가 사는 건물의 집주인이 마침 나와 있다가 제가 주차하는 걸 봐주고 계셨는데, 죄송하다고 사과를 같이 해도 저희에게 이해할 수 없는 사람들이라고 화를 내시더라고요.

김민섭 저도 운전을 하고 대리운전 때문에 다가구빌라 주차도 정말 많이 해봤지만, 그 정도는 다들 이해해 주지 않나요?

입주민 B 글쎄요. 아마도 자기 집에 대한 애착이 대단해서 입주민이 아닌 사람이 넘어오는 걸 못 견디는 것 같아요. 아, 그런데 재미있는 건 제가 주차를 할 때마다 집주인이 창문을 내다본 것도 아닌데 거의 실시간으로 뛰어 내려왔다는 거예요. 어떻게 그럴 수 있었을까요?

김민섭 잘 모르겠어요.

입주민 B 모든 신축빌라의 현관에는 CCTV가 설치되어 있어요. 각 층에도 붙어 있고요. 그 몇 개의 화면이 주인집의 모니터에 실시간으로 전송되는 거예요. 그래서 전국의 다가구빌라 주인들은 그 CCTV 영상을 보면서 201호는 몇 시에 출근하는구나, 301호는 몇 시에 퇴근하는구나,

개인의 흔

401호는 애인을 또 데리고 왔구나, 하는 걸 다 알 수 있는 거죠. 아마 그 집주인은 자신이 사는 꼭대기 층에서 CCTV를 보다가 제 차가 주차장 선을 넘는 걸 보고 달려왔을 거예요.

김민섭 CCTV가 그렇게 많이 달려 있나요?

입주민 A 제가 사는 빌라에도 현관하고 각 층마다 CCTV가 달려 있어요. 저는 그래도 그게 있으니까 안심이 되기는 하더라고요. 근데 그걸 주인이 실시간으로 볼 수 있는 시스템인지는 몰랐어요. 아, 얼마 전에 주인이 쓰레기 분리수거 안 한 몇 호는 나와서 다시 하라고 전체 문자를 보냈던데, 그게 CCTV를 보고 있어서 가능한 것이었겠군요.

입주민 B 저는 직장 때문에 서울 여러 지역에서 자취를 해봤는데요, 강력 사건이 터지면 형사들이 집주인을 찾아오기도 해요. 왜냐하면 예상되는 동선의 CCTV만 확보해도 용의자의 얼굴을 확인할 수 있잖아요.

김민섭 왠지 빅브라더가 생각나네요. 범죄율을 떨어뜨릴 수는 있을 텐데 입주민들의 프라이버시라고 해야 할까, 그런 건 또 잘 지켜지지 않을 것 같아요.

입주민 B 그걸 지켜보는 걸 낙으로 삼는 집주인들이 아마 아주 많을 거예요. 어차피 녹화되고 있으니까 나중에 문제가 생기면 그걸 돌려보면 되는데 왜 그렇게까지 하는지 모르겠어요. 그런데 매번 뛰어 내려오는 그 집주인은 항상 포대기에 어린아이를 싸매고 있더라고요. 아마 회사에 간 자녀를 대신해서 손주를 봐주고 있는 거겠죠. 그 아이에게는 또 얼마나 좋은 할머니겠어요.

입주민 B의 말에서 연상되는 건물주의 모습은, 같은 건물에 입주해 살면서 CCTV 보는 것을 낙으로 삼다가 어떤 문제가 생기면 해결하기 위해 달려 내려가는, 다소 기괴한 것이다. 그리고 보면 함께 사는 건물주는 그 건물의 입주자 대표이고, 부녀회장이고, 관리소장인 셈이다. 게다가 수천만 원이 될 각 입주민의 전월세 보증금까지 가지고 있으니까, 정말이지 그 건물 안에서는 절대 권력을 가진 존재인 것이다. 아파트 관리사무소에도 수십 대의 CCTV 화면이 실시간으로 송출되고 있고, 단지 내에서 분쟁이 생기면 관리사무소에서 그것을 열람하고 중재에 나선다. 사실 그 소규모 집단에서 건물주는 그러한 역할을 수행해야만 한다. 그들이 그 안의 룰을 만들고 건물을 관리하고 있기에, 입주민들은 양호한 주거 환경을 보장받을 수 있다. (이것은 앞선 장의 아파트 관리규약에 관리사무소의 존재 목적으로 적혀 있는 내용이기도 하다.) 건물 역시 관리하지 않으면 금방 사람 손이 타고 더러워지게 된다. 그러나 그 관리가 관음으로 나아가게 되면, 자신의 공간에 덧붙인 여러 수식만큼 스스로 특별해지고자 하면, 입주민들은 물론

211

그도 고통받게 되는 것이다.

　나는 입주민 A와 B에게, 집을 구할 때 혹시 빌라의 이름도 고려했는지, 혹은 알고 입주했는지를 물었다. 그러자 그들은 웃으면서 다음과 같이 답했다.

　"아니, 집 구하는 데 며칠을 돌아다녔는데요. 마음에 드는 방이 있으면 우선 계약해야지 빌라 이름을 볼 여유가 어디 있어요. 저는 집 계약하고 나서 택배를 주문할 때 건물 이름을 모르니까 계약서를 찾아보고 그때 알았어요."

　"저는 저녁에 와서 늦은 시간에 계약해서 건물이 어떻게 생겼나 제대로 보지도 못했어요. 건물 이름도 당연히 입주하면서 계약금 보내는데 통장에 '○○하우스' 하고 찍혀서 나오더라고요. 그래서 그때 내가 앞으로 2년 동안 살게 될 집의 이름이 이렇구나, 하고 알게 됐죠. 근데 사실 무슨 상관이에요. 1~2년 살다가 나갈 집인데요."

　그들은 집주인의 욕망에는 별다른 관심이 없었다. 브랜드를 선택할 만한 처지가 아니었고 어차피 소유가 아닌 단기임대의 개념이기에 공간에 대한 애착도 별로 없었다. 그건 또 그런 대로 슬픈 풍경이다. 욕망에 영합하는 것도 아니고 그렇다고 거부하는 것도 아니고, 잠시 유예하거나 포기하고 일상 공간에서 존재하게 되는 것이다.

입주민 A는 매일 애니팡 하트를 보내오는 건물주에게서 어머니의 모습이 떠오르고, 또 귀엽다고 하면서도, 되도록이면 안 부딪히는 것이 좋겠다고 그 관계를 정리했다. 아파트와는 달리 서로의 욕망이 괴리된 공간이고, 서로의 훈이 다른 공간이다. 어쩌면 멋진 브랜드를 내세운 빌라에 들어가는 것이 더욱 부담스러운 결과를 초래할지도 모르겠다.

4층과 5층, 법에서 정한 용적률을 가득 채우고서도 필로티까지 동원해 자신을 높인 수많은 다가구주택들이 우리 주변에 있다. 베이비부머 세대가 은퇴하고 이제는 노후를 준비하면서 서울 곳곳에 신축빌라가 많이 늘었다. 그 다닥다닥 붙은 빌라들은 아파트라는 복합적인 욕망에는 닿을 수 없는, 평범한 우리의 모습을 그대로 드러내는 듯하다. 자신의 세계를 그만한 크기로 용적해 두고도 다시 또 CCTV 화면의 크기만큼으로 가두어둔 건물주들이 많이 있을 것이다. 건물 한 채가 그들의 모든 것이 되고 그들의 언어를 결정짓게 하는 것은, 그들뿐 아니라 우리 사회에도 비극이다.

입주민 A와 B, 두 사람의 세계는 아직 열려 있는 듯하다. 그들도 브랜드 아파트에 입성하게 될까, 아니면 시간이 더 흐른 뒤에 작은 빌라의 건물주가 될까. 지금은 유예된 그들의 욕망이 닿게 될 종착지가 궁금하다. 그 종착 역시 평범한 우리의 미래일 것이다. 그것이 공간에 잡아먹힌 형태로 나타나지 않기를 바랄 뿐이다.

5

집결되는 욕망들, 기업도시와 박사마을

가족과 함께 집 근처 계곡에 다녀오다가 도로에 붙은 '교수마을 분양'이라는 현수막을 보았다. 몇백 미터의 간격을 두고 같은 내용으로 몇 장이 더 붙어 있었다. 지방에서는 흔한 전원주택 단지의 분양 광고였는데, 교수마을이라는 그 단지의 이름이 무언가 마음에 걸렸다. 거기가 '교수면'이라든가 '교수리'라는 지명이라면 모르겠으나 그렇지도 않았다. 인근에 국립대학교 1개와 사립대학교 2개가 있으니까 정말로 직업으로서의 교수를 전원주택 단지의 브랜드로 활용한 게 아닐까, 싶은 것이었다.

나는 그중 하나의 대학에서 청춘을 모두 보냈다. 대학생으로 입학해서 박사과정을 수료했고 시간강사로도 몇 년을 일했다. 행정조교 자격으로 학과사무실에 앉아 있다 보면 인근 부동산에 대한 소문도 어디에선가 날아와서 꼭 들리기 마련인데, 일찌감치 아파트나 땅을

개인의 흑

사둔 교수들이 많다는 것이었다. 대학원생이 듣기에는 참 먼 나라 이야기였다. 한번은 학교 앞에 짓고 있는 아파트의 분양권을 팔겠다고 건설사의 직원들이 직접 사무실에 찾아오기도 했다. 그들은 나를 교직원쯤으로 알았는지 곧 학교 앞에 지하철이 개통될 것이고 의과대학도 이전될 것이라면서, 지금 사두어야 한다고 설득하기 시작했다. 그래서 나는 교수들의 연구실 위치와 함께 나의 위치도 간략하게 설명해 주었다. 그때 분양권을 산 교수들이 많았지만, 지하철 개통과 의과대학 이전이 죄 무산되어서 모두 손해를 보았다고 전해 들었다. 그역시 나에게는 가까운 나라의 먼 이야기였다. 그런데 나중에 이런저런 인연으로 만나게 된 지역 사람들은 그럭저럭 괜찮은 풍경을 함께할 때마다 "○○대 교수들이 저기 땅을 그렇게 많이 샀다던데." 하고 나에게 넌지시 물었다. 별로 비밀이랄 것도 없는 소문이었던 모양이다. 대학원생들은 정말로 아는 바가 없었으니까 "저희는 잘 모르는데요……" 하고 답했지만 오히려 지역에서는 그것을 기정사실화하고 있었다.

교수마을의 현수막이 붙은 곳은 지역 사람들이 종종 "저기 보이는 별장들이 다 ○○대 교수들 거라면서?" 하고 나에게 묻던, 그 자리 중 하나였다. 자연휴양림과도 가깝고 차로 10분이면 지역의 도심까지 나갈 수 있을 만큼 교통도 괜찮은 곳이었다. 과연, 나도 돈이 있다면 '저 푸른 초원 위에 그림 같은 집을 지어볼까' 하고 마음먹을 만큼, 노후를 보내기뿐 아니라 사람이 살기에 참 좋아 보였다.

다만, 왜 '교수'라는 직업을 굳이 마을 앞에 수식해 두었는지가 몹시 궁금했다. 저 마을에는 교수가 아니면 들어갈 수 없는 건가, 교수가 되고 싶은 사람들을 환영한다는 뜻일까, 그 단어가 갖는 사회적 위력을 그저 덧입고 싶은 것일까, 알 수가 없는 것이었다.

인터뷰 8

김민섭 안녕하세요, 교수마을 전원주택 단지 분양 현수막을 보고 연락드렸습니다.

○○중개사 네, 혹시 분양을 받으시려는 건가요?

김민섭 아니에요. 저는 동네 주민인데요, 왜 교수마을이라는 이름으로 분양을 하는지 궁금해서요. 혹시 여쭤봐도 괜찮을까요?

○○중개사 아, 그 인근에 교수님들이 몇 분 살고 계시다고 해서, 아예 교수마을이라고 분양을 하고 있는 것으로 알고 있어요.

김민섭 그 인근에 정말 교수들이 많이 살고 있는 건가요?

○○중개사 네, 거기가 명당 자리라고 해서, 인근에 대학이 몇 개 있잖아요. 일찌감치 사둔 교수님들이 계시다고 해요. 그리고 매물이 나오면 친구 교수들에게 나 여기 땅 샀으니까 너도 하나 사라, 이런 식으로 권하고 해서 많이들 사시게 된 거죠.

김민섭 그러면 분양을 하는 땅주인이 교수인 건 아니고, 인근 지역에 교수들이 많이 살고 있어서 그렇게 이름을 지은 것으로 보면 되겠군요?

○○중개사 네네, 맞아요. 그런데 여기가 요즘 많이 뜨고 있는 지역입니다. 지하철도 이제 곧 들어올 거고요. 분양받을 생각이 있으시면 연락 주세요.

김민섭 네, 고맙습니다.

나의 궁금증은 공인중개사에게 전화 한 통을 하는 것으로 곧 풀렸다. 아무래도 ○○대 교수들이 땅을 많이 샀다더라, 하는 지역 주민들의 말은 사실이었던 모양이다. 그것은 교수마을이라는 실체로 연결되었다. 교수가 아닌 이들이 그러한 브랜드를 만들어서 얻고자 하는 것은 당연히 성공적인 분양이겠다. '박사(교수)님들이 샀으니 우리도 믿고 삽시다' 하는 게 아닐까, 싶다. 이전에 외가 어르신이 배추 심는 것을 도와드린 일이 있는데, 그는 내가 밭을 고르고 나자 "아, 이번 농사는 잘되겠어. 박사님이 와서 배추를 심었으니 얼마나 잘 자라겠냐 말이야." 하고 웃었다. 나는 박사라든가 교수라든가 하는 사람들이 자기 전공 외의 일에 손을 대는 것이 얼마나 서글픈 결과를 초래하는지를 잘 알고 있기에 "아이고, 아닙니다." 하고 고개를 숙이고 웃는 정도로 그에 화답했다. 그러나 교수라는 단어는 여러모로 일반인들에게 여전히 매력적이다. 별것 아닌 물건도 어느 교수, 박사, 대학 연구팀이 품질을 인증했다고 하면, 이전과는 다른 권위를 덧입게 된다. 부동산도 마찬가지일 것이다.

그래서 교수마을도 전국 여기저기에 있다. 서울시 강남구 자곡동 교수마을, 서울시 성북구 정릉동 교수단지, 경기도 용인시 수지구 교수마을, 경상북도 영천시 청통면 교수마을, 강원도 원주시 서곡리 교수마을, 강원도 양양 현북면 교수마을 등이다.

"자곡동 교수마을, 택지 조성 이후 학식과 덕망이 높은 대학교수가 많이 살고 있어 교수마을이라고 불리었다."

서울시 강남구 자곡동 교수마을의 입구에는 '자곡동 교수마을'이라는 이름과 함께 위와 같은 글귀를 새겨둔 큰 바위가 있다. 마을이나 시 단위에서 세운 것인지, 아니면 개인이 세운 것인지는 거기에 나타나 있지 않다. 눈에 먼저 들어오는 것은 '학식'과 '덕망'이라는 다소

개인의 흔

민망한 단어다. 나는 이 교수라는 직업이 이 시대에 덕망이라는 언어를 전유할 만큼 존중받는다고는 생각하지 않는다. 대학원생에게 인분을 먹이려고 했다는 '인분교수' 사건을 비롯해 연구비 횡령, 논문 조작, 여러 형태의 갑질 등 교수가 대학 안에서 저지른 부끄러운 일들이 너무나 많았다. 그때 이 마을의 덕망 높은 교수들이 함께 성명서라도 한 장 발표했다고, 나는 들어본 일이 없다. 학문 후속 세대들이 이전보다 더욱 유령 같은 삶을 살아가는 것을 방조하고 외면하면서, 그렇게 쉽게 덕망이라는 단어를 새겨 넣은 것은 부끄러운 일이다. 자곡동 교수마을 인근에는 분위기 좋은 카페와 갤러리, 맛집들이 자리를 잡았다고 한다. 나도, 이 글을 읽는 당신도, 언제든 저 마을을 찾아 커피를 마시고 그림을 구경하고 식사를 할 수도 있다. '학식과 덕망이 높은 교수들이 모여 사는 곳.' 나는 자신들의 욕망을 마을의 훈으로 새겨 넣은 그 모습을 보면서 괜히 부끄러워질 것만 같다.

자곡동 교수마을은 지금은 여러 개발 호재로 땅값이 많이 올라서 2017년의 신문기사를 참조하면 대지 면적 330제곱미터(1백 평)의 매매가가 25억~29억 원대에 책정되어 있다고 한다.[24] 물론 교수라는 이름만으로 그 가격이 크게 영향을 받는 일은 없을 것이다. 기사에서도

---

24 '[전원별곡, 마을에 살어리랏다②] 서울 대표적 전원마을 7곳은 어디', 〈이코노믹 리뷰〉, 2017년 6월 5일 참조.

마을 바로 앞에 고속철도 SRT와 수서역사가 개통되면서 매매가가 많이 올랐다고 부연하고 있다. 그러나 이런 선례들이 여러 지방에, 그리고 내가 지내고 있는 강원도 원주에도 비슷한 이름의 욕망을 분양하게 만들었을 것이다.

강원도 원주에는 교수마을이라는 전원주택 단지 외에도 '기업도시'[25]와 '혁신도시'[26]라는 신도시가 들어섰다. 요약하면, 기업도시는 기업을 유치하기 위해, 혁신도시는 서울에서 이전한 공공기관을 받아들이기 위해 조성한 신도시다. 원주뿐 아니라 전국의 여러 도시가 그 대상으로 지정되었다. 다른 것은 몰라도, 집값과 땅값만큼은 혁신적으로 올랐다고 들었다. 브랜드 아파트가 전에 없이 대단지로 들어서기 시작했고, 공공기관들은 지역에서는 보기 드문 고층 건물에 입주를 마쳤다. 아내가 혁신도시의 모 브랜드 아파트를 분양받자고 했을 때 그에 동의하지 않았는데, 불과 2~3년 만에 분양가의 두 배 가까이 매매가가 올랐다는 이야기를 전해 듣고 나는 괜히 미안해졌다.

---

25 "민간 기업이 토지수용권 등을 가지고 주도적으로 개발한 특정 산업 중심의 자급자족형 복합기능 도시"로서 기업도시 개발을 독려하기 위해 2004년 12월 31일에 '기업도시특별법'이 제정되었다.

26 "이전 공공기관을 수용하여 기업·대학·연구소·공공기관 등의 기관이 서로 긴밀하게 협력할 수 있는 혁신 여건과 수준 높은 주거·교육·문화 등의 정주(定住) 환경을 갖추도록 이 법에 따라 개발하는 미래형 도시"를 말한다. ('공공기관 지방 이전에 따른 혁신도시 건설 및 지원에 관한 특별법' 제2조를 참조)

개인의 흠

그런데 2018년 여름에, 나는 기업도시의 브랜드 아파트의 분양권을 샀다. P(프리미엄)를 400만 원이나 얹어주고서 나도 '퍼스트'라는 서브 브랜드가 추가된 아파트에 입성했다. 고향인 서울로 돌아오고 싶었지만 젠트리피케이션의 대명사가 되어버린 망원동/성산동 일대의 집값은 내가 감당할 수 있는 수준이 아니었고, 그나마 원주에서 서울과 가까운 서쪽으로 이동하다 보니 기업도시만이 남았다. 그러나 단순히 가까워서만은 아니었다. 기업도시로 몰려온 여러 사람들과 마찬가지로, 나 역시 아파트의 매매가가 오르기를 내심 기대하고 있는 것이다. 기업이라는 단어는 왠지 혁신만큼이나 그 원초적인 욕망을 훌륭하게 충족시켜 줄 것만 같다. 그에 홀려 불나방처럼 달려든 나는, 마치 박사마을을 찾은 신혼부부와도 같겠다. 춘천 서면의 한 마을에서는 박사가 (2015년 기준) 155명이나 배출되었고, 아예 박사마을로 불리기 시작했다. 여기에 박사만큼 많은 것은 여관인데, 신혼부부가 '마을의 정기를 받겠다'고 일부러 찾아온다고 한다.[27]

혁신, 기업, 교수, 서로 연관도 없어 보이는 이 단어들은 각각 도시나 마을이라는 공간과 결합했고, 그곳에 개인의 욕망을 결집시키는 역할을 하고 있다. 혁신도시는 정부의 주도로, 기업도시는 기업의 주

---

27 '한 마을에 박사가 155명… 박사문화촌 생긴다', 〈한겨레〉, 2015년 4월 9일 참조.

도로, 교수마을은 개인의 주도로 이루어진 것이다. 그 안에서 우리는 단어에 잡아먹히지 않고 잘살 수 있을지, 우선 나부터 기업도시 안에서 어떤 삶을 살아가야 할지 별로 자신이 없다. 기업적인 삶과 김민섭으로서의 삶이 무엇인지도 사실 잘 모르겠다.

　나는 분양권을 사고 몇 달 만에 마이너스P라는 것을 경험하고 있다. 욕망에 영합하기도 쉬운 일이 아니다. 그래도 왠지 이것이 나로서 사는 방식 같아서 아파트 매매가가 떨어지거나 말거나 괜히 한 번 웃고 마는 것이다. 그러고 보니 내가 그때 심은 '박사 배추'는 잘 자랐는지 모르겠다. "박사가 배추를 심었으니 잘 자라겠다."고 했던 외가 어르신은 올해 돌아가셨다. 내가 손대는 것은 대개 마이너스가 되기 쉬우니 그해의 배추는 별로 잘 자라지 않았을 것이다. 나의 욕망이라는 것도 왠지 잘 자라지 않을 것 같아서 벌써부터 기업도시의 입주민들에게 미안해지고 만다.

6
15,000원의 오늘의 훈

　개인은 학교, 회사, 집 등 여러 일상 공간의 일부나 전부를 소유하지만, 그것이 모두에게 허락되지는 않는다. 책상이나 사물함 정도만이 자신을 드러낼 수 있는 유일한 공간이기도 하고, 집에서도 자신만의 안식처를 부여받지 못하는 가족 구성원들도 있다. 혹은 그마저도 타인의 취향에 따라야 하기도 한다. 그러나 누구에게나 공통적으로 허락된 공간이 있다고 하면 '책꽂이'다. 이것은 반드시 원목으로 된 서가라든가 한쪽 벽면에 구색을 갖춘 가구로서의 책장을 의미하지 않는다. 꽂아두지 않더라도 쌓아두거나 올려두거나 어떤 형태로든 책을 둘 만한 모든 공간은 책꽂이가 된다.

　나에게 가장 소중하고 애틋했던 책꽂이는 자취하던 시절 주인집에서 제공한 작은 책상 위에 북엔드도 없이 되는 대로 책을 쌓아놓은 그 몇 뼘의 공간이었다. 거기에는 여러 책들이 되는 대로 흩어져 있곤 했지만, 그래도 몇 권의 책은 손을 대어 정갈하게 줄을 맞춰두곤 했다. 대학원생이 되어 합동연구실과 작은 책장을 하나 배정받고서도, 굳이 두어 뼘의 공간을 전공 서적이 아닌 '나의 책'으로만 채워두었다. 그것은 그동안의 나를 만들어온 책으로 구성한, 온전한 나만의 공간이었다. 만화책도 몇 권 있었고, 어린 시절 친구에게 선물받은 책도 있었고, 언젠가 꼭 읽고 싶어 사둔 책도 있었고, 무엇보다도 당시 나의 마음을 나타내고 싶은 책도 있었다. 《안녕, 나의 모든 것》이라는 소설은 한동안 거기에 꽂혀 있었다. 그에 더해 지도교수의 《○○소설사》를 언제나 눈과 손이 닿기 가장 좋은 자리에 두었는데, 그것은 당시 내가 가지고 있던 욕망을 그대로 압축한 한 권의 책이었겠다. 나도 나의 소설사를 쓰고 싶었고, 언젠가는 교수 비슷한 것이라도 되고 싶었다.

나는 어느 공간에 사적인 초대를 받아서 가면, 그의 책꽂이에 어떤 책이 있는가를 탐색한다. 그 주인이 공을 들여 만들어둔 서가가 있다면 일부러 "여기 좀 봐도 될까요?" 하고 가서 한참을 보기도 하고, 책상에 어지럽게 책이 흩어져 있다고 하면 어떤 책들이 있는지를 잠시 살핀다. 그러면 그가 어떤 사람인지를 잘 알 수 있다. 전시된 책들은 그가 품고 있는 욕망을 그대로 내보이기 때문이다.

책꽂이는 그 공간을 점유한 사람이 내재화한 '훈'이다. 사실 책꽂이처럼 언어를 전시해 둘 수 있는 공간도 별로 없다. 이제는 가훈이라든가 글귀 같은 것을 굳이 액자에 넣어 걸어두지 않는다. 그 공간의 주인이 선택한 언어라는 것은 이제 거의 유일하게 그의 책이 꽂힌 곳에 존재한다. 책꽂이의 크기가 작을수록 그리고 타인이 보기에 볼품없을수록, 거기에는 그의 압축된 욕망이 드러나게 된다. 베스트셀러를 읽고 있는지, 자기계발서를 읽고 있는지, 세계문학전집을 읽고 있는지, 특정 작가의 소설이나 시를 읽고 있는지, 나와 같은 책을 읽고 있는지, 그는 나와 얼마나 닮은 사람이고 또한 얼마나 다른 사람인지 알게 되는 것이다. 그래서 사랑하고 싶고 더 알고 싶은 사람의 공간에 가게 된다면 책꽂이부터 둘러보아야 한다.

2018년 여름, 포털사이트에서 제공한 베스트셀러 순위에는 《죽고 싶지만 떡볶이는 먹고 싶어》라는 책이 1위에 올라와 있었다. 출판사 서평에 따르면 10년 넘게 기분부전장애(가벼운 우울 증상이 지속되는 상태)를 겪은 저자와 정신과 전문의가 나눈 12주간의 대화를 엮은 책이다. 그러니까, 저자의 치료 기록이고 수기인 셈이다. 2017년에는 정신과 전문의가 쓴 《자존감 수업》이 베스트셀러에 오르기도 했다. 우울증, 자존감 등 마음의 상처와 관련한 책이 젊은 독자를 중심으로 많은 선택을 받았다. 한 시대의 독자들이 많이 선택하는 책은, 그만큼 그들의 욕망을 잘 담아내고 있는 것이기도 하다. 어쩌면 위로받고 싶은 사람들이 아주 많았는지도 모르겠다.

그 책을 비롯해 제목을 13자 내외로 한 여러 에세이들이 목록에 올라 있어서, 나는 1위부터 10위까지의 제목을 찾아보았다.

2018년 8월 첫째 주, 온라인 서점의 베스트셀러(에세이 부문) 순위

1위 : 죽고 싶지만 떡볶이는 먹고 싶어

2위 : 곰돌이 푸 : 행복한 일은 매일 있어

3위 : 모든 순간이 너였다

4위 : 언어의 온도

5위 : 하마터면 열심히 살 뻔했다

6위 : 나는 나로 살기로 했다

7위 : 곰돌이 푸 : 서두르지 않아도 괜찮아

8위 : 무례한 사람에게 웃으며 대처하는 법

9위 : 한때 소중했던 것들

10위 : 이제부터 민폐 좀 끼치고 살겠습니다

책의 제목을 보면서 나는 저것이 누군가의 책꽂이에 차례대로 꽂혀 있는 상상을 했다. 《무례한 사람에게 웃으며 대처하는 법》과 《이제부터 민폐 좀 끼치고 살겠습니다》라는 책은, 회사원의 책꽂이에 있을 것만 같다. 직장 상사나 동료의 부탁을 거절하지 못하면서도 '이래도 괜찮을까' 하고 우울한 그가, 이것저것 업무와 관계된 서류들이 가득한 책꽂이에서도 그럭저럭 타인에게 잘 보이지도 안 보이지도 않는 적당한 곳에 꽂아두었을 것 같다. 그것은 타인에게 전시하는 욕망이기도 하고 자기 자신을 다잡기 위한 응원이기도 할 것이다. 《행복한 일은 매일 있어》라든가 《서두르지 않아도 괜찮아》라는 책은, 생계를 위해 오늘 하루도 바쁘게 살아가야 할 누군가의 가장 눈에 잘 닿는 공간에 놓여 있을 것 같다. 오피스텔 원룸에 들어와 불을 켰을 때, 창문에 외롭게 비친 하나의 그림자를 위로해 줄 만한 언어로서 존재하면 알맞겠다. 다른 여러 책들도 어느 책꽂이에서 저마다의 역할을 담당하고 있을 것이다.

그래서 편집자와 작가들은 책의 제목을 그 어느 때보다 고민하게 되었다. 이전과는 달라진 독자들의 욕망에 부합하거나 그를 선도하는 일은, 사실 몹시 어렵다. 나도 예외는 아니라서 지난여름에 출간한 단행본의 제목은 '죽을 만큼 힘든데 죽고 싶은 건 아니야'가 될 뻔했다. (그 책은 《고백, 손짓, 연결》이라는 제목으로 출간되었다.) 친구와 함께 술을 마시던 중, 퇴직한 그가 "정말 너무 힘들다. 얼마나 힘드냐면 죽을 만큼 힘들거든. 그런데 그렇다고 해서 또 죽고 싶은 건 아니야."라고 말한 순간이 있었다. 나는 그에게 "J야, 정말 미안한데 네가 지금 한 말을 다음 내 책의 제목으로 써도 괜찮을까? 제목값으로 내가 오늘 이 술 살게." 하고 물었다. J는 뭐 이런 인간이 다 있나, 하는 눈으로 잠시 나를 바라보다가, "응, 물론이지. 대신 술은 네가 사라." 하며 웃었다. 나는 왜 그랬는지, '죽고 싶은 건 아니야'라는 그의 말이 너무나 가슴에 와 닿았다. 왠지 나를 비롯해 이 시대의 평범한 30대들이 모두 품고 사는 언어처럼 느껴졌기 때문이다. 여기에 공감하고 공명할 수 있다는 데서, 이것은 우리가 소유하고 특별한 의미를 부여한 하나의 언어가 되는 것이다. 그러나 신간의 제목을 고민하던 때 이미《죽고 싶지만 떡볶이는 먹고 싶어》가 베스트셀러에 올라 있었다. 말하자면, 내가 동시대의 언어를 포착하고 내어놓은 일이 많이 늦은 것이고, 욕망의 선점이 이루어진 것이다. 물론 제목과 표지 디자인뿐 아니라 그 책의 본문이 이모저모 시대의 독자들을 잘 포섭한 결과일 것이다.

내가 친애하는 모 작가는 최근에 출간된 에세이집의 표지를 보고는 "이것은 나에게는 마치 종말을 앞둔 시대의 책 같은 것이다."라고 자신의 페이스북 계정에 썼다. 이러한 언어들이 독자들의 서가를 채울 것이라고는, 사실 나도 상상해 보지 않았다. 그러나 결국 독자들은 평균적인 책값이라고 할 만한 1만 5천 원을 지불하고 책의 본문이라기보다는 '오늘의 훈'을 사는 것이다. 교체 주기가 빠른 훈의 집합소로 책꽂이가 선택되었다. 이전에는 거기에《부자 아빠, 가난한 아빠》라든가《아침형 인간》이라든가《아프니까 청춘이다》같은 것들이 하나의 지침이자 위로로서 꽂혀 있었다. 아니면 '— 해라'라는 직접적인 화법이 인기를 끈 시기도 있었다. 그러나 누군가는 종말을 떠올릴 수밖에 없는 오늘도, 곧 다른 훈으로 교체될 것이다. 다음 시대의 욕망이 어떠한 방식으로 발현될지는 알 수가 없다. '분노'가 될 수도 있고 '더 깊은 위로'가 될 수도 있고 완전히 새로운 무엇이 찾아올 수도 있겠다.

우리는 책꽂이에 자신의 욕망을 전시해 왔다. 어쩌면 자신도 모르는 사이에 자연스럽게 그렇게 되었을 것이다. 지금 나의 책꽂이를 살피는 일은 스스로가 내재화한 훈의 실체와 마주하는 일이 된다. 그에 더해, 타인의 공간에 아무렇게나 놓인 한 권의 책은 현재의 그가 당신에게, 혹은 자신에게 가장 건네고 싶은 절박한 말과도 같다. 누군가가 당신의 눈길이 닿는 곳에《무례한 사람에게 웃으며 대처하는 법》이라든가《이제부터 민폐 좀 끼치고 살겠습니다》라는 제목의 책을 놓아두었다면, 스스로를 돌아볼 필요도 있겠다.

7
당신이 잘되면 좋겠습니다

　사람은 저마다의 훈을 만들고 살아가는 존재다. 좌우명이라든가 하는 삶의 지침이 될 만한 멋진 문구를 곁에 두면, 괜히 든든한 것이다. 그것이 나의 삶을 구원해 줄 것처럼, 무엇보다도 타인과의 경쟁에서 우위를 점하게 해줄 것처럼 보인다. 나에게도 '진정한 노력은 배신하지 않는다'라는 훈이 있었다. 이것은 야구선수 이승엽의 좌우명이기도 하다. 나는 그의 오랜 팬이고, 언젠가 그가 한 시즌에 56개의 홈런을 치고 인터뷰에서 말한 이 좌우명이 정말로 멋져서 한동안 나의 것으로 삼았다. 2000년대 초반, 내가 고등학생이던 시절이었으니까 벌써 20년 가까이 되었다. 그러나 나는 그 훈을 제대로 지켜내지 못했다. 어떤 성과를 거두지 못할 때마다 '진정한 노력'을 하지 않은 나를 탓하게 되었고, 그래서 스스로를 혐오하는 데까지 이르기도 했다. 배신당했다고 느끼는 어느 순간들이 늘어나면서 나는 결국 그 훈을 버렸다. 아마 대학원생이던 때였을 것이다. 별다른 실패를 한 것은 아니지만 나를 원망하게 되는 나날들이 늘어서 그렇게라도 하지 않으면 안 될 것 같았다. 마침 이승엽도 일본에서 한국으로 돌아온 시점이었다.

개인의 훈이라는 것은 대개 타인과의 경쟁을 염두에 두고 만들게 된다. 예컨대 '이 시간에도 경쟁자의 책장은 넘어가고 있다'와 같은 것이 있겠다. 노력이라는 것은 대개 상대적인 개념이어서 그 기준을 자신이 아닌 타인에 두게 만든다. '일찍 일어나는 새가 벌레를 잡는다', '성공은 99퍼센트의 노력과 1퍼센트의 영감으로 이루어진다'라는 흔한 좌우명들도 타인보다 더욱 많은 노력을 해야 한다고 개인을 다그친다. 내가 만든, 정확히는 내가 선택한 훈 역시 나를 위한 것이었고 나만을 위한 것이었다. 성과를 거두지 못하면 행복한 삶을 살 수 없고 자신과 타인을 모두 미워하게 된다. 성과를 거두더라도 행복해지는 것은 자신뿐이거나 주변을 둘러싼 소수의 개인들뿐이다. 노력하지 않으면 생존할 수 없는 구조를 만들어두고 개인에게 끊임없이 자신을 소진시켜 가기를 강요하는 이 시대의 훈들은, 그 구조가 아닌 온전히 개인에게 문제를 찾게 한다는 점에서 문제적이다.

별다른 훈 없이 살아가기 위해 노력하던 나는 《대리사회》를 쓰면서 '이 사회는 거대한 타인의 운전석이다'라는 문장을 떠올렸으나, 그것이 삶의 어떤 지침이 되지는 않았다. 근본적으로 내 삶의 태도를 바꾸어놓은 일은, 정확히 1년 뒤에 일어났다. 언론에도 몇 차례 보도된 '김민섭 찾기 프로젝트'라는 것이었다.

나는 작년까지 해외여행을 가본 일이 없었다. 여행을 좋아하지 않기도 하고 대학원생 시절에는 연구실을 며칠씩 비우는 것을 상상할 수 없었다. 그러나 왠지 억울해진 나는 해외에 다녀오기로 하고, 2박 3일 일정으로 후쿠오카 왕복 항공권을 끊었다. 누군가와 함께 간다면 그에게 의존하거나 그를 챙기는 동안 나의 여행이 아닌 우리의 여행이거나 너의 여행이 될 것 같아서 일부러 혼자 다녀오는 일정으로 잡았다. 어차피 아이가 어려 가족이 함께 갈 수는 없었고, 해외여행 경험이 많다는 아내는 나를 몹시 동정하면서 "이런 불쌍한 인생이 있다니……." 하고는 잘 다녀오라고 말했다. 항공권의 가격은 108,300원이었다. 당연히 30만 원이 넘을 것으로 생각했지만 비수기와 성수기의 가격은 그만큼이나 차이 나는 것이었다.

설레는 마음으로 기다리던 여행 2주 전, 아이가 아파 병원에 가자 의사는 수술을 해야 한다면서 여행 하루 전으로 예약을 잡아주었다. 그날은 안 된다고 했지만 그는 그날이 아니면 안 된다고 했다. 공항으로 가야 할지 병원으로 가야 할지 고민하다가 결국 여행사에 전화를 걸어 항공권 환불을 요청했다. 아내는 여행을 다녀오라고 했지만 그러기에는 무언가 염치가 없었다. 여행사에서는 1만 8천 원가량을 환불해 주겠다고 했다. 그러니까, 80퍼센트가 넘는 금액을 수수료로 떼어가는 것이다. 나는 이것이 부당하다고 여겼다. 그러나 여행사 직원에게 화를 내거나 책임자를 바꿔달라고 하지는 않았다. 대학에서 나오면서 내가 결심한 것 중 하나는 '나를 닮은 사람들'에게는 화를 내지 않겠다는 것이었다. 이것도 어쩌면 내가 선택한 훈이 되겠다. 전화를 받고 있는 여행사 직원도 나를 닮은 을이고 그들에게 분노한다고 해서 바뀌는 건 아무것도 없다. 몇만 원을 더 돌려받는다고 해도 서로에게 상처만 남기고 내가 약간의 구제를 받는 것일 뿐, 이 사회의 문화와 제도가 근본적으로 변화하지는 않는다. 그 분노는 잘 간직해 두었다가 모두와 함께할 기회가 있을 때 다시 꺼내기로 했다. 그러면 나를 둘러싼 이 사회가 아주 조금은 한 발 나아갈 수 있을 것이다.

그래서 나는 여행사 직원에게 티켓을 양도할 수 있는지를 물었다. 누군가를 대신 여행 보내줄 수 있다면 그도 나도 1만 8천 원의 금액보다는 더욱 행복할 것이다. 전화를 받은 직원은 가능하다면서 '1) 대한민국 남성이면서, 2) 이름이 김민섭이고, 3) 서로의 여권에 있는 영문 이름의 스펠링이 완전히 같은 사람'을 찾아오라고 했다. 나는 그것이 불가능할 것을 알았지만 '김민섭'이라는 흔한 이름으로 태어난 이유가 여기에 있구나, 싶었다. 찾아보겠다고 답하고는 페이스북에 "김민섭 씨를 찾습니다, 후쿠오카 왕복항공권을 드립니다." 하는 글을 남겼다. 많은 사람들이 여기에 관심을 가졌다. 저마다 자신의 친구 김민섭들을 댓글로 태그해서 갈 수 있는지를 물었다. 그러나 여행을 갈 수 있는 김민섭 씨는 이틀이 지나도록 나타나지 않았다. 친분이 있는 '글 쓰는 의사' 남궁인은 "이 프로젝트는 확률적으로 불가능합니다. 평일에 2박 3일 동안 혼자 여행을 갈 수 있는 성인 남성을 찾아야 하고, 여권의 영문 이름까지 같아야 하는데, 그가 얻을 수 있는 경제적 이익은 고작 10만 원에 불과합니다. 그런 사람은 존재하지 않습니다." 하는 내용의 댓글을 남기기도 했다. 하긴, 내 이름의 '섭'은 'SEOP'를 쓰지만, 'SEOB'도 있고 'SUB'도 있고 'SUP'도 있다. 평일에 혼자 여행을 갈 수 있는 이름이 같은 대한민국 남성을 찾아도 그가 'SEOP'인지를 다시 확인해야 하는 것이다. 남궁인 작가는 "그래도 기다리는 게 인문학의 역할이겠지요." 하는 한 줄을 덧붙였는데, 왠지 그가 얄미워진 나는 '너 때문에라도 꼭 찾고야 말겠다' 하는 심정이 되고 말았다.

3일째 되는 날, 김민섭 씨가 나타났다. 나보다 열 살이 어린 1993년생 청년이었고, 대학에서 디자인을 전공하고 있다고 했다. 그는 졸업 전시 비용을 마련하기 위해 휴학을 한 상태라고 했는데 나는 졸업을 하기 위해 돈을 벌고 있다는 것이 잘 이해가 가지 않았다. 그 많은 등록금을 내면서도 졸업을 위한 비용을 따로 마련해야 하는 것은, 80퍼센트가 넘는 수수료를 가져가는 일만큼이나 부당하다. 그러나 그만큼 여행을 가기에 적합한 김민섭 씨가 나타난 것이 기뻐서 고맙다는 답신을 보내고는 양도 절차를 밟았다. 그때 페이스북 메시지가 한 통

더 도착했다. 다른 김민섭 씨면 어쩌지, 하고 걱정했지만 다행히 아니었다.

"안녕하세요, 선생님, 김민섭 씨 찾기 프로젝트를 너무 잘 보고 있습니다. 여행을 떠날 김민섭 씨가 없는 것일 수도 있지만 혹시 비행기표가 아닌 다른 부분 때문에 흔쾌히 여행을 떠날 수 없을지도 모른다는 걱정이 들어 메시지를 드립니다. 결례가 되지 않는다면 여행을 떠날 김민섭 씨의 숙박비를 제가 부담하고 싶어요. 2박 3일의 일정이니까 30만 원을 지원해 드리고 싶습니다. 저는 고등학교에서 아이들을 가르치고 있는데 저희 학교 학생이라면 대부분 집이 어려워서 시간과 비행기표가 있어도 다른 부분의 여비 때문에 여행을 쉽게 가지 못할 수도 있겠다는 생각이 들어서, 초면에 실례를 무릅쓰고 메시지를 드려봅니다."

자신을 고등학교 교사라고 밝힌 그는 이 여행의 숙박비를 부담하고 싶다고 말했다. 자신의 학교에는 형편이 어려운 학생들이 많아서 다른 부분의 여비 때문에 여행을 쉽게 가지 못할 것이라고 덧붙였는데, '결례가 되지 않는다면'이라고 하는 그의 정중함과 다정함이 놀라웠다. 우리는 타인에게 무언가를 주려고 할 때 쉽게 거만해진다. 미리부터 생색을 내고 대가를 바라기도 한다. 그러나 그는 아직 나타나지 않은 김민섭 씨에게서 자신이 사랑하는 이들을 이미 발견하고 그들의 처지에서 사유하고 있었다. 그에게 답장을 보내면서, 나의 아이가 그를 닮은 선생님을 만날 수 있으면 좋겠다고 생각했다.

김민섭 씨를 찾았다는 글을 페이스북에 올리자, 많은 사람들이 서로에게 축하의 메시지를 남기기 시작했다. '이런 동화 같은 일이 정말 벌어질 줄 몰랐다'는 내용이 주를 이루었다. 글을 공유하며 확산시킨 것이 그들이었고, '우리'가 해낸 일이라는 자부심 같은 것이 모두에게서 느껴졌다. 1993년생 김민섭 씨도 "고맙습니다, 잘 다녀올게요." 하는 댓글을 남겼다. 그런데 누군가가 다음과 같은 댓글을 남겼다.

> "저에게 올해 12월 31일까지 유효기간인 후쿠오카 그린패스권(1일 버스 승차권)이 2장 있어요. 어차피 저는 올해 안에 후쿠오카를 갈 일이 없을 것 같아요. 보내드리고 싶은데 페이스북 메시지로 주소를 보내주세요."

그는 정말로 2장의 그린패스권을 등기우편으로 보내왔다. 1993년생 김민섭 씨는 왕복항공권에 더해, 숙박비와 교통비를 해결하고 후쿠오카에 가게 되었다. 대중교통 요금이 비싸다는 일본에서 무제한으로 버스를 이용할 수 있다는 것은 정말 멋진 일이다. 그런데 많은 사람들이 그의 여행을 후원하겠다고 댓글을 남기기 시작했다. 어느 와이파이 업체 대표는 "우리의 와이파이 포켓을 꼭 가져가면 좋겠다. 혹시 홍보로 비쳐질지 모르니 상표를 떼고 대여해 주겠다."고 했고, 누군가는 "저는 후쿠오카 타워에 다녀왔는데 그곳이 정말로 좋았어요.

개인의 훈

타워 입장권이 한 장 남았는데 이것을 보내드리고 싶어요." 하고 말했다. 이 평범한 청년의 여행에 저마다 무언가를 보태고 싶어 했다.

여행을 5일 남겨두고는 카카오의 창작자플랫폼 부서에서 연락이 왔다. 김민섭 씨의 여행을 후원하고 싶다는 것이었다. 나는 그때 대기업의 후원이라는 것은 어떤 방식으로 이루어질까, 하고 내심 설렜다. 그런데 카카오에서는 "작가님이 이 동화 같은 이야기를 글로 써주세요." 하고 말했다. 카카오의 메인 페이지에 정식 프로젝트를 노출시켜서 이 여행을 더욱 많은 사람들이 후원할 수 있게 하자고 제안해 왔다. 여행 비용뿐만 아니라 졸업전시 비용까지 더해, 이 청년이 미래를 상상할 수 있는 비용을 마련해 주자는 것이었다. 나는 그들에게 "이게 잘될까요?" 하고 물었는데, 그들은 "저희는 데이터로 움직이는 사람들이에요. 이 프로젝트를 작가님의 페이스북에서부터 지켜보았고요. 무조건 잘될 거예요. 카카오는 김민섭 씨와 더 많은 사람들을 '연결'하고 싶어요." 하고 답했다. 그래서 '1993년생 김민섭 씨 후쿠오카 보내기 프로젝트'가 카카오에 정식으로 오픈되었다. 김민섭 씨는 그림을 그리는 데 취미와 소질이 있으니까, 후원자들이 자신의 사진을 보내오면 간단한 캐리커처를 그려 화답하기로 했다.

2박 3일 동안, 278명이 254만 9천 원을 후원해 왔다. 정말로 졸업전시를 준비할 만큼의 비용이 모였다. 후원자들은 "여행 잘 다녀오세요.

꼭 잘 다녀와야 해요. 왜 그런지 모르겠는데 자꾸 눈물이 나요." 하는 댓글을 많이 달았다. 여행을 떠나는 날, 인천공항에서 1983년생 김민섭 씨와 1993년생 김민섭 씨가 서로 만났다. 왠지 만나야 할 것만 같았다. 그는 나에게 "항공사 직원이 발권해 주면서 '여행 잘 다녀오세요. 제가 발권하게 될 줄 몰랐어요' 하고 말하더라고요." 하고 말했다. 그만큼 그는 공항에서도 유명인사가 되어 있었다. 우리는 인사를 나누고 공항의 커피숍에 함께 앉았다. 그는 나에게 "작가님, 사람들이 저를 왜 도와준 걸까요? 작가님은 저를 왜 도와주셨나요?" 하고 물었다. 그에게 멋진 대답을 하고 싶었는데 나도 모르게 "당신이 잘되면 좋겠다고, 모두가 생각했을 거예요." 하고 답했다.

사실 내가 그동안 아주 많이 들어온 말이었다. 대학에서 나와 무척 외로울 때, 나에게 손을 내밀어 준 사람들이 많았다. 작업실을 조건 없이 빌려주겠다는 사람, 매주 한 번씩 찾아와 밥을 사주고 사라지는 사람, 자신의 회사에 취직하라는 사람 등등, 아무 조건 없이 나를 도와주겠다는 것이었다. 《대리사회》라는 책은 온전히 그들의 후의로 이 세상에 나올 수 있었다. 책이 나온 이후 그들에게 식사를 대접하면서 나는 "왜 저를 도와주셨나요?" 하고 물었고, 그들은 서로 아는 사이가 아니면서도 모두가 같은 답을 했다. "그냥, 당신이 잘되면 좋겠다고 생각했어요. 그뿐이에요." 하는 것이었다. 나는 그 말을 김민섭 씨에게 다시 돌려주었다.

개인의 훈

그러자 김민섭 씨는 무슨 말인지 알 것 같아요, 하고는 자신의 이야기를 시작했다. 인천공항으로 오는 동안, 평소에는 그냥 지나쳤을 여러 사람의 얼굴이 자꾸만 눈에 들어왔다는 것이었다. 저 사람이 나를 도와주지 않았을까, 저 사람 덕분에 내가 여행을 가고 있는 게 아닐까, 하는 심정이 되었고, 그래서 그때마다 '저 사람이 잘되면 좋겠다'는 생각을 하면서 공항까지 왔다고 한다. 그런 그가 무척 피곤해 보여서 잠을 잘 자지 못했는지 물어보니 친구들과 함께하는 공모전 준비가 있어서 자신의 몫을 하느라고 밤을 새웠다는 답이 돌아왔다. 그 순간 나는 모두가 그의 여행을 왜 후원해 주었는지를 알았다. 그는 대한민국의 가장 평범한 청년이었다. 내가 아는 많은 20대들이 취업을 준비하고, 자격증 시험, 영어 시험, 공모전 등등, 타인과의 경쟁에 내몰려 제대로 잠에 들지 못한다. 그런데 졸업전시 비용을 마련하기 위해 휴학을 하고 일을 하고 있다는 그의 모습에서, 저마다 주변의 누군가를 떠올린 것이다. 이 청년이 여행을 잘 다녀오면 대한민국의 평범한 청년들도 모두 잘되지 않을까, 나의 아이들도 잘되지 않을까, 그리고 결국은 나도 잘되지 않을까, 하는 마음이 모였다. 덕분에 나는 타인이 잘되기를 바라는 그 감각이 우리 사회를 여전히 지탱하고 있다는 것을 알았다. 김민섭 씨는 "언젠가 저도 2003년에 태어난 김민섭 씨를 꼭 아무 조건 없이 여행을 보내주고 싶어요." 하는 말을 남기고, 후쿠오카행 비행기에 올랐다.

그 이후, 나는 이전과는 다른 나만의 훈을 하나 가슴에 안고 살아가고 있다. '당신이 잘되면 좋겠습니다' 하는 것이다. 나는 우리 모두가 '연결'되어 있다는 상상을 한다. 서로를 연결하고 있는 그 끈은 아주 얇고 느슨하지만 끊어지지 않는다. 누군가가 그것을 잡아당기면서 '저는 여기에 있어요' 하고 말하면 그 줄이 팽팽해지고 비로소 자신과 연결된 누군가가 있다는 것을, 그리고 자연스럽게 저 사람이 잘되면 좋겠다는 저마다의 마음을 보내게 되는 것이다. 나는 당신의 잘됨이 나의 잘됨으로 이어질 수 있다는 희망의 증거를 계속 찾아보고 싶다.

원래 마지막 글에서는 '욕망으로 남은 말들'이라고 해서, 사회적으로 문제가 되었던 여러 개인의 훈들을 모아보려고 했다. 언젠가 '막말의 아카이브'를 만들어두고 싶다고 생각한 일이 있다. "민중은 개돼지로 취급하면 된다"(2016년 7월, 나향욱)는 문제의 발언이 나왔을 때였다. 사실 이러한 막말은 언제나 있어왔다. 우리는 그때마다 다 함께 분노하고 그를 비난하고 가능하면 강력한 처벌을 바랐지만, 시간이 흐르면 곧 언제, 누가, 어디에서, 어떠한 맥락으로 그 막말을 했는지를 잊는다. 그래서 나는 IT업계에서 일하는 친구에게 우리 현대사의 막말을 모으는 온라인 페이지를 개설해 보면 어떨지를 물었다. 그러한 말들을 집단지성의 힘으로 실시간 기록해 내는 것이다. 친구는 재미있겠다고 했지만, 세상일이 대개 그렇듯 우리 둘 다 거기에서 더 나아가지는 못했다. 그 이후에도 "국민은 '레밍'이다"(2017년 7월, 김학철),

"밥하는 동네 아줌마가 왜 정규직이 되어야 하는 거냐"(2017년 7월, 이언주), "서울 살던 사람이 이혼하거나 직장을 잃으면 부천으로 가고, 거기서 더 살기 어려워지면 인천 중구나 남구로 옮긴다"(2018년 6월, 정태옥) 등등, 많은 욕망의 말들이 사회를 뒤덮었다.

우리는 그 말들을 막말로 규정하는 것뿐만 아니라 기억해야 한다. 그것은 이 시대가 가진 욕망의 말들이고 이 시대가 가진 훈의 품격이 된다. 특히 그런 말을 한 사람이 누구인지도 오래 기억해야 한다. 액체화된 몸으로 타인을 좀비로 전염시키고 자신의 대리인간으로 만들어내는 이들이 있다. 그들은 학교, 회사, 공공기관뿐 아니라 어디에나 있다. 우리는 그들을 거부하는 동시에 스스로의 훈을 만들어야 한다. '나'보다는 '너'를 위한, 그리고 '우리'를 향한 훈을 곁에 두어야 한다. 그것이 시대의 욕망을 따라 유동하는 개인의 몸을 구원해 줄 것이다.

이 글을 읽고 있는 당신에게도 나의 훈을 보낸다. 당신이 잘되면 좋겠다.

에필로그

우리가 무엇을 할 수 있을까요

　이 책을 쓰는 동안 나는 청년들에게 다음과 같은 질문을 많이 받았다. "우리가 무엇을 할 수 있을까요?" 그들은 대학생이기도 했고 직장인이기도 했는데, 자신들이 바꿀 수 있는 것이 전혀 보이지 않는다고 했다. 선후배 사이의 위계 문화라든지 지도교수의 갑질이라든지 회사에서의 잘못된 관행이라든지, 하는 것을 그저 지켜볼 수밖에 없어서 힘들다는 것이었다. 내가 대학에서 나온 것처럼 자신도 그만두거나 포기해야 하는지를 물어서 나는 무척 슬퍼졌다. 나의 삶으로 무언가 답을 줄 수 없기도 했고 그들의 절망감이 그대로 느껴졌기 때문이기도 했다.

　그럴 때 내가 그들에게 하는 답은 언제부터인가 거의 정해졌다. "맞아요. 우리가 할 수 있는 것은 별로 없어요. 수천 명의 청년이 모여도 할 수 없는 일을 누군가는 자신의 자리에 앉아서 서명을 한 번 하

243

는 것으로 해내곤 해요. 우리는 무력해요." 하고 답한다. 질문을 한 청년의 얼굴은 더욱 어두워진다. 그러나 이런 무책임한 답에서 더 나아가지 못했다면,《훈의 시대》라는 책은 쓰지 않았을 것이다. 나는 반드시 다음의 한마디를 덧붙인다. "그런데 지금 저에게 이런 질문을 했고 이러한 물음표를 가진 젊은 날이 있었다는 것을 꼭 기억해 주시면 좋겠어요. 학생께서도/선생님께서도, 언젠가는 많은 것을 바꿀 수 있는 자리에 오르기 때문이에요." 하는 것이다.

《대리사회》라는 책에서 주요하게 언급했듯, 조직의 개인은 몸과 말의 통제를 겪는다. 여기에서는 그 누구도 자유로울 수가 없다. 그러나 한 개인이 가진 사유하는 힘은 그 누구도 검열하고 통제할 수 없다. 어느 공간에서 타인의 몸으로 존재하며 제한된 말을 하게 되더라도 자신의 사유를 지켜낸다면 그 공간에서 대리인간이 아닌 자기 자신으로서 살아갈 수 있다. 우리는 끊임없이 의심하고 불편해하고 물음표를 가져야 한다.

내 주변의 많은 사람들이 물음표를 가지고 살아간다. 거기에 답을 하기 위해 애쓰기도 하지만 대개는 벽에 부딪힌다. 시간이 흐르고, 경계에서 중심으로 몇 발 더 나아간 그는 자신에게 그런 젊은 날이 있었다는 사실을 잊는다. 기억하는 것이 아니라 '추억'하게 되고, 철없던 시절의 치기 아름다운 모습 정도로 보정한다. 물음표에 답을 하지는 않았지만 그럴 필요성을 느끼지 못하게 되고, 젊은 시절의 자신을 닮은 청년들이 비슷한 고민을 하는 걸 보면서도 '그땐 그럴 수 있다'고 여기게 된다. 나는 그런 사람들을 주변에서 아주 많이 보아왔고, 나 자신부터도 그랬다. 그런데 이것은 반드시 개인의 성공을 담보로 하지는 않는다. 선후배 사이의 위계 문화 때문에 힘들다는 1학년 학생은 곧 선배가 되고, 지도교수의 갑질 때문에 힘들다는 대학원생에게도 학과사무실에서 조교들을 관리하는 자리에 오른다든지 운이 좋으면 강의를 시작하게 된다든지 하는 변화가 찾아오게 되고, 회사의 관행에 마음이 불편한 신입사원도 언젠가는 중간관리자의 역할을 맡게 되는 날이 온다. 대학교 동아리실에서든, 학과사무실이나 강의실에서든, 회사의 부서 사무실에서든 문화를 바꿀 수 있는 발화 권력을 갖게 된다. 그러면 큰 용기를 내거나 무언가를 포기해야 한다는 부담감 없이 "그거…… 한번 바꿔볼까?" 하는 말 한마디로 변화를 추동해 낼 수 있다.

한 공간의 훈을 바꿀 위치에, 우리 모두는 언젠가 오르게 된다. 그때 자신의 몸에 여전히 물음표를 간직하고 있다면, 그것을 추억하지 않고 기억하고 있다면 많은 것을 바꿀 수 있다. 저마다 자신의 자리에서 크고 작은 제도와 문화를 바꾸어간다면, 우리 사회 역시 변화하게 된다. 이것은 비단 학교라든가 회사라든가 하는 공적인 공간뿐만 아니라 집이라는 사적인 공간에서도 마찬가지다. 어느 한 세대는 필연적으로 가장의 자리에 오르거나 그를 통제할 수 있는 유일한 사람이 된다. 그때는 어린 시절부터 간직해 온 물음표를 찾아 반드시 답을 해야만 한다. 올바른 부모가 되는 것은 아이들에게 올바른 훈을 전해 주는 가장 좋은 방법이다.

우리 주변에는 아직도 많은 훈들이 남아 이 시대와 여전히 동시하고 있다. 전근대적인 야만의 언어들이, 산업화 시대에 만들어진 낡은 언어들이 여전히 우리 곁에 존재한다는 것은 몹시 모욕적이다. 우리는 이것들을 이제 폐기하고 스스로의 훈을 만들 필요가 있다. 새로운 시대의 논리가 다시 우리를 잠식하기 이전에 주변의 훈을 바꿔나가는 작업을 해야만 한다. 이것은 대학생도, 회사원도, 한집안의 부모들도 모두 할 수 있는 일이다.

새로운 시대의 개막은 낡은 언어들을 청산하는 데서부터 비로소 시작된다. 다음 세대를 위해 우리에게 익숙한 언어들에 어떠한 욕망들이 뒤섞여 있는지를 직시하고 버릴 것들을 과감히 버려나가야 한다. 사실 이 책에서는 국가의 훈을 비롯해 조금 더 근본적인 욕망에 접근해 보고 싶었다. 그러나 나의 부족함으로 여러모로 아쉬운 글이 되었다. 그 작업은 이후의 과제로 남겨두고 싶다. 대학에서 논문을 쓸 때는 무언가 책임지기 어려운 부분이 나오면 '이후의 과제'라고 써두고는 도망치는 볼품없는 연구자였지만, 이제는 그러지 않을 것이다.

차근차근,《대리사회》와《훈의 시대》이후 세상에 내보낼 본문을 준비하고 싶다.

　'훈의 시대'를 살아가는 당신에게, 여전히 경계에서 '훈의 시대'를 살아가고 있는 한 평범한 개인으로서 이 글을 보낸다. 다시 한 번, 당신이, 잘되면 좋겠다.

| 표지 이미지 출처 |
제2차 교육과정기, 문교부(1972)
초등학교《국어, 1-1》70p

훈의 시대

초판 1쇄 인쇄 2018년 11월 23일 | 초판 1쇄 발행 2018년 12월 3일

지은이 김민섭
펴낸이 김영진

사업총괄 나경수 | 본부장 박현미 | 사업실장 백주현
개발팀장 차재호
디자인팀장 박남희 | 디자인 당승근
마케팅팀장 이용복 | 마케팅 우광일, 김선영, 정유, 박세화
해외콘텐츠전략팀장 김무현 | 해외콘텐츠전략 강선아, 이아람
출판지원팀장 이주연 | 출판지원 이형배, 양동욱, 강보라, 손성아, 전효정, 이우성

펴낸곳 (주)미래엔 | 등록 1950년 11월 1일(제16-67호)
주소 06532 서울시 서초구 신반포로 321
미래엔 고객센터 1800-8890
팩스 (02)541-8249 | 이메일 bookfolio@mirae-n.com
홈페이지 www.mirae-n.com

ISBN 979-11-6233-879-7 03300

와이즈베리는 참신한 시각, 독창적인 아이디어를 환영합니다.
기획 취지와 개요, 연락처를 bookfolio@mirae-n.com으로 보내주십시오.
와이즈베리와 함께 새로운 문화를 창조할 여러분의 많은 투고를 기다립니다.

「이 도서의 국립중앙도서관 출판시도서목록(CIP)은 서지정보유통지원시스템 홈페이지(http://seoji.nl.go.kr)와
국가자료공동목록시스템(http://www.nl.go.kr/kolisnet)에서 이용하실 수 있습니다.
(CIP제어번호: CIP2018036727)」